你還要療癒多久？

HUMAN NEW WORLD

● 人類新操作系統2——從療癒走向創造

鍾荃因 Doris 著

各界推薦

（依姓名筆畫序）

⊙林書羽／台灣訊息股份有限公司管理部經理

因特殊的緣分認識了鍾老師，能有這樣的榮幸獲邀寫她第二本書《你還要療癒多久？》的序，感到非常的開心。

鍾老師是在FB非常活躍的心靈導師，有非常多的學生以及追隨者，她有著不平凡的人生故事，藉由課程及寫書來撫慰現代人們「忙，茫，盲」的生活方式。

在追求理想及夢想的過程中，太多的挫折消耗了人們的能量，藉由一個心靈導師給我們更多不同的面向來思考，來喚醒自我的信心。

⊙張凌昇／成功大學電機系教授

在這資訊爆炸的硬時代，相信這本軟性知性好書，是您不能錯過的。

認識自己是每個人的目標，需要不斷地思考，不斷地行動，一步一步地，更深地認識自己，展現自己創造的力量。外在是內在的顯化，而內在需要藉由外在來探索、來經驗，這中間需要一座橋樑、一個方法。這本書提供了一個清楚、簡單，又方便、又便宜的方法，教你如何將內在的想法與領悟落實在物質的世界裡，讓你在家可以做，出差也可以做，快速地心想事成。

⊙**張艷姍**／登富特集團董事長

書中提到人生轉捩點發生在三十五歲左右，正是我現在面臨的處境，一瞬間我從美滿幸福的婚姻家庭變成離婚，日益壯大的成功事業面臨財務危機，這本書來的真是時候，在我人生最谷底的時候，給我平靜和智慧。

我一直覺得 Doris 是個奇蹟，她的影響力直達我的心靈深處，我相信這一定是很多人的共同感受。

我還要療癒多久？

就讓內在的信任力量開始創造，讓靈性從心出發。

⊙陳嘉堡／「量子轉念引導技術系列課程」創辦人、《量子轉念的效應》作者

一般人從不知也不想知道自己是自己人生世界的「觀察者」。根據「量子物理」的科學證明：在粒子通過雙狹縫實驗中，觀察者的「意圖」會干涉粒子是成為「波」或「粒子」的形態。簡言之，就是「想法」和「看法」決定了真實世界的走向與表現狀態。

大部分的人在未成年以前，對於父母親干涉自己的生活都會感到氣憤和無可奈何，因為自己無法作主決定自己想做的事情，受制於父母的監護權保護，每天總希望快快長大成年，才能有自己主導人生的權力。

如今，當有可以主導人生的機會來臨時，我們卻被慣養習慣放棄自己的主導權，甚至放棄自己的「觀察者」角色，寄託在依賴神佛、脈輪能量加持、改風水、累積功德改運的「非以自身內在力量延伸出來的外力」，來改變自己的人生世界，這真是令人感到瞠目結舌的顛倒世界啊！

鍾老師有提到「創造」三法則：真實、信任、執行。這三項看起來似乎簡單到不行，不過著實是不容易做到的。在我實際的體驗中，自我覺醒之前的階段，要不加猶豫地不讓後天人工添加的評價信念干擾，僅是「純粹」的去承認「真實」、「信任」內在連結的高意識智慧、勇於「執行」內在智慧的指引，它是需要你渴望覺醒的「絕對願心」，

才能伴你走進實相之地。即便在自我覺醒之後的階段，不見得就可以鬆懈了。「覺醒」它本身就是一趟又一趟「靈魂的生命之旅」，保有這份初衷，才能真正「看見」極樂世界與天堂之境。

「人類新操作系統」讓一個人從書寫中與「觀察者」這角色結合，協助書寫者從抽象的意識內容，看見自己實體化的意識內容，讓書寫者從心探索自己的意識力量，這的確是個非常實用、便利的轉念工具，我很榮幸地推薦給大家。

無限的愛與感謝；回歸靈性的平安。

⊙黃愛淑／身心靈書籍譯者

在目標顯化的創造過程裡，常會發生事與願違的狀況，有時會察覺到自己的動搖，從但她身上我看到「做我所信，信我所做」的堅定態度，這影響我很深。

她說，那就是她的生活方式。而也就是這些東西時不時地打破我的頭殼，裝進一些新的想法，讓我更信任自己，欣賞自己，更愛自己，更靠近人性中的神性。

⊙楊啟富／BNI高雄市區執行董事

我們常說：人是最難了解的動物。潛意識下就是告訴我們自己，我們最難了解自己。但是事實如此嗎？若我們就是自己，其實最了解自己的就是自己。人常在發生事情後，尋求外在的解答與幫助，孰不知，自己才是最好的解藥與療癒。透過自我的察覺，自我的覺醒，自我突破，自我轉化，進而自我成長，是這本書告訴我們的。

病毒最好的解藥就是人類的抗體，因此而論，人的心理也是如此。人們常抱怨人生過的不如意，那是因為腳本是自己寫的，戲是自己演的。若是能了解這個道理，當發現戲不好看時，是不是換個腳本甚至換部戲來看？而不是任由它一直演下去。若想知道怎麼改變腳本或是讓自己更了解自己，推薦各位來看本書。

⊙蔡典謨／前國立台東大學校長

分析透過走路、書寫、放目標的步驟，激勵對自己的覺知，讓心持續正向專注、思考創造及篤行體驗而促進自我成長。本書介紹簡單易懂的方法，幫助我們操作心靈、鼓舞深層省思、提昇生命價值，值得用心閱讀。

⊙謝明杰／《老神再在》系列作者

「要知上山路，需問過來人」，鍾老師以其自身深刻的生命體悟和豐富的教學經驗，透過這本著作把一身功夫傳遞出去。任何一個渴望靈性躍升或是神祕經驗的人，本書提供了足夠多踏實落地的方法去施行。樂為推薦！

目錄

7 印證

〈作者序〉

新・愛・行

十幾年心靈探索之路，說長不長，說短不短，比起修行（練）了數十年的前輩們，我這段自認為精采萬分的道路，著實算不上真正的「修」：沒有每天打坐、靜心、冥想，也沒有上師派遣的功課，或是照著上師的要求，一〇八次的持咒……諸多未曾知聞的修練方式，我從來沒有做過。因此我把自己這十幾年的過程，當成是一段尋找自己的選擇，所體會的心得，藉機分享給有緣的人，看看是否能一起玩玩，碰撞出其他的火花，只為豐盛今生的旅程，擠出更多不凡的體驗，在離開的那一刻，想帶走我這段如天堂般生活的記憶。

這十幾年裡，我用自己的方式找出許多答案：心靈是什麼？是虛幻不實的嗎？是靈魂嗎？神、宗教，跟我的人生有什麼關聯？……若是沒有遭遇一些事件，我可能一輩子都沒有機會踏進這條道路。壓根從沒想過世界上還有「心靈」這個東西，更不知道，原來遇到事情，除了求神問卜或算命之外，還能從「心靈」的領域去找到方法及答案。

這些年大量身心靈的資訊湧入，愈來愈多人參與在這些活動裡，各式各樣的模式和型態，從國外進來的占大部分，我自己也在去年（二〇一六）開始漸漸走到其他國家分享。早在二〇一〇年就有一次機會跨出台灣這塊土地，但那時候的我還沒做好準備。現在呢？心理面準備好了。

一向喜歡跟真理挑戰的我，身心靈圈子所提到的那些，我一一化為經驗，落實在生活中。我想印證那些所謂的高靈上師們所說的話是不是真的？我想知道，如果這些是真的，那麼當我落實下來後，是否會如他們所言，果真擁有那樣的人生？於是，有著高度對立性格的我，被人生際遇一腳踢進這個圈子裡，度過無數精采的轉變，我知道了自己是誰。

在第一本書《人類新操作系統》裡，我將創造的法則用理論的架構分享出來。起筆開始第二本書，我心裡想著：「我要寫給誰？我想讓什麼樣的人看到這本書？這本書想傳達的訊息適合哪一些人？看過這本書之後，能夠對看書的人產生什麼作用與幫助？……」即使已經寫到一半了，我腦海裡仍沒有完整的答案，只是在心中很深很深的位置裡，有某些模糊的印象：要說是給某個族群看嗎？也不是。既不是幾歲到幾歲，也不是性別的區隔，更不是訴求在某種產業或領域。那麼是什麼呢？

我的人生經驗裡有很多故事，故事裡有神奇的發生，也有大多數人會遇到的劇情。在地球上七十幾億人口中，我的故事可能不夠生動，也不夠精采，若說要有些可看、可聽性，或許是我思考事情的方向跟大部分人不一樣；也就因為這樣，所以我經驗到某些人比較不會遇到的事情，在平凡中得到某些不凡的機運和結果。

將我所處的世界分享出來：同樣在這個空間裡，多維度的存在，就有不同的發生；同樣的領域，有不同的際遇；同樣的產業，有不同的發展；同樣的項目，有不同的結果；同樣的目的，有不同的到達方式……平行世界，也許對很多人來說，還停留在想像的知識層次，對我卻是每天都會經驗到的事實。

不需要等到科學家用論文和研究為我們證實，就可以體驗到宇宙的真理，是件令人心動的事。在一次又一次移動的經驗中，平行世界會成為我們面對人生的信念，這個信念能幫助我們超越框架的限制，自由自在地前進到任何我們想去的地方，經驗任何我們想要擁有的夢想。

【人類新操作系統】的三個方法：走路、書寫、放目標，能具體地將很多哲理變成事實，大道理變成經驗與智慧，生活品味直線上升，在這三個方法中都能做到。第一本書是在我三年前準備閉關時，用很短的時間整合過去十幾年的心得內容。這第二本書，是自己閉關二年的體會以及系統學員們真實生活應用的紀錄。

我想，在地球快速轉變的時代裡，人類的覺醒也正在加速，不只是我們眼中所見的動亂，裡面更隱含著未來美好果實的影子。期望【人類新操作系統】能開啟學習者細緻

＊【人類新操作系統】的三個方法：
走路、書寫、放目標。

的覺知頻率，在生活中完整活出高度進化文明的生活品質，為即將到來的美麗新世界，盡一份心力。這是為什麼大家會同時誕生在這個時代，聚在一起學習探索心靈世界的原因。

新愛行，是我們想顯現「從意識層次改變世界」的第一個理念。物質世界是由意識能量建構出來的，要讓世界變成什麼樣子，源頭就是意識；表意識、潛意識、有意識、無意識，都跟現實的世界息息相關。人們學習在意識的層次做提升，將觀察者的力量發揮出來，去除受害者、加害者及救世主的情感依賴，從個人的生活圈直接作用，那才是真正地從基礎打起的夢想國度；參與的人是創造者，也會是享受這些創造成果的族群，有更多人願意這樣做，集體意識就能漸漸地轉換提升，顯現出來的新世界，才會如每個人心裡所渴望的樣貌。

或許初期看起來是一個人小小的力量，不過連結到高意識頻率時，就不一樣了，提升的愈高，可以抵上百人千人。舊集體意識瓦解所產生的變動，能經由新集體意識能量和諧的承接，就能降低中間斷層的傷害，以創造的法則扭轉蛻變過程帶來的不安與混亂。

讓世界變得更好，讓自己的夢想起飛，是相輔相乘的。如果我們的舊意識裡仍存在著救世主的情結，想要實現的夢想，需要一大群可憐悲慘的人們配合演出，那麼為了讓這個夢想實現，我們自己成功了，世界卻要繼續悲慘下去，才能讓夢想延續，試問有誰想要成為那個悲慘可憐的人呢？想要拯救世界成為偉大的人，這樣的夢想表面看起來很棒，從另一個角度來思考：如果這世界沒有人需要這樣的夢想來肯定生命的價值與意義，從意識的根源處轉變，現實世界中就沒有那樣的能量構成悲慘可憐。

這個途徑是我們推動新愛行、落實新愛行的方法和行動，以利人、利他、利己為出發點所創造出來的夢想。當沒有人居於弱勢，人類的生命依然有無限可能的價值與意義時，我們將會生活在怎樣的社會裡呢？

回到初衷，依然誠摯地邀請您跟我們一起來，從意識的層次，為世界注入新的意識能量，用心建構美好的未來。祝福這本書的讀者們，在此時此刻進入創造的國度裡，實現夢想，體驗無限美好的人生。

＊讓世界變得更好，讓自己的夢想起飛，
是相輔相乘的。

1

書寫

與內在覺知合作的起點

動起筆，旅程就起步了。

我觀察身邊出現的人送到我面前的故事，不同的劇碼，觸動我心裡的靈感，一步一步帶著我完成。就像是沿路出現的指標，讓我安然順利地到達目的地。

覺知，對修練的人而言很重要，對沒有修練的人更重要。從我踏進心靈圈子那一天起，覺知和觀察就成了我的導師，就像雙鏡頭的照相攝影機，引導我看到很多不曾看過的面向。就像我為這本書創造讀者一樣，我在心中對自己提問：希望透過這本書，跟什麼樣的人連結？讀者能從這本書裡，得到什麼滋養和啟示？進而找到方法，創造出自己想要的生活，甚至實現心中的願望。

因著這個提問，我保持覺知觀察從內在發送出來的訊息，才明白自己寫第一本書時未曾思索過的問題。覺知放在哪裡，哪裡就會產生變化，覺知到的任何訊息，就像放在藏寶庫裡的寶藏，本來就存在的，只是一直沒有被看到、感覺到、發現到，因而被忽略了。

創造，是在覺知中帶著意識建構未來，當中縝密嚴謹的步驟和程序，會隨著我們的覺知漸漸擴展開來，最後全面性地跟現實世界的動態緊緊相連；在創造一個接著一個顯化之後，創造取代了靈魂原有的設定，這些過程累積成現實，成為生命裡帶著光的經驗值。

＊覺知和觀察就像雙鏡頭的照相攝影機，
引導我看到很多不曾看過的面向。

關於此生的目的，我向自己提問：「回首過去的種種，我所經歷的事情在把我推向何處？」現在的我所擁有的人生經驗，已經可以描繪出大概的輪廓：我是個傳承者，這是無法改變的道路；無論我創造什麼，都會在這條道路上前進。這是我的選擇，也是我想要嘗試的未來，想知道這條路最後會走到何處，想了解自己能走多遠，沿路又能創造出什麼讓自己感動的事物。

很多心靈成長的書籍中提到：我們跟這個宇宙是一體的。可是當我還是分離的狀態時，根本無法明白這句話真正的意思，只能說是經常看到的一句話，沒有任何實際經驗能夠證實這一點。我依舊看到很多人跟我的想法不一樣，有衝突、有矛盾；我仍會遭遇到對立時的不舒服，在現實利益爭奪中，沒有任何力量站在我這邊……所以「跟宇宙是一體的」對我而言起不了任何作用，就算曾經對這句話有過某種感動，那個能量還是薄弱地無法讓我依靠，更不可能讓我用這句話來對待每個人、每件事。

2

課題

來自生命中的深谷

喜歡胡思亂想的我，從來都不知道自己是個被想法控制的人。關於「自己的想法一定是對的」這個認知，在二十幾歲時自以為是的性格，再加上一路成長表現良好、眾人肯定，從沒想過有一天自己會是錯的；在人生經歷了數不清的災難考驗後，才把愛面子、要求他人尊重、一切以自我為中心的性格，磨得柔軟跟圓融。曾經深深地以自己所設的標準、條件、原則、邏輯……來評斷這個世界，原來那只是自己的小世界，不是所有人都要照著我這樣想、這樣做，不是所有人都跟我一樣才是對的。

我們的環境所造就出來的下一代，決定了這個國家的未來。年輕時不以為意，什麼未來的主人翁，根本不當一回事；到了數十年後，自己經歷了社會的洗禮，才明白年輕是多麼珍貴的寶藏。心態年輕跟人生經驗有著很微妙的關係，有人是年紀愈大心態愈年輕，有人是小小年紀內在就很成熟老練，歲月能帶給人們的禮物，多得令人目眩神迷。

相信現在二十幾歲的年輕人，對未來的人生一定有很多計畫和渴望，有很多想看、想玩、想體驗的事物，帶著充滿希望的心邁向未來。我有兩個正在念大學的兒子，他們用自己的方式展現如今的年輕人是什麼樣貌，這讓我憶起當年的我；從老媽的角色裡出來，我變成跟年輕人一起向人生學習的伙伴，少了一副「只要是大人就是對的」態度跟他們相處。我知道年輕人最討厭大人自以為是的模樣，因為這時候的他們也正是用如此的態度看世界，自我投射出對外面世界的內在樣貌。

自己年輕時的願望很簡單：假日出去玩，存錢買一大堆不需要卻想要的東西，工作穩定存點錢；年紀再大一點，談戀愛、買車子、買房子，結婚……能想的就那麼多，完全沒有所謂的活出生命的精采、成為有夢想的人。比起現在的自己，那時的我，對生命是相當無知的。是在什麼時候，我才開始將注意力望向生命的意義呢？

☆訊號

在三十五歲的時候遇到了人生的谷底，走頭無路的時候，對未來失去了把握，生活一團亂，經濟狀況陷入嚴重的困境，工作收入完全中斷，連吃飯的錢都沒有的日子降臨。在還沒來得及回神自己到底發生什麼事的情況下，就變成那樣的絕境。

這是我完全料想不到的境遇，為什麼會這樣？似乎是在瞬間，所有事情都擠在一起，然後才驚覺自己也有這麼一天……

其實仔細回想，大約在半年前就有一些跡象。記得當時自己心裡有股強烈的渴望想要改變（應該是想要脫離現狀，但是當時的現狀並沒有不好，而且還可以說是如日中天的時刻），因為那股內在的感覺愈來愈強烈。我放棄了年薪好幾百萬的工作，還自我感覺良好的認為未來前景一片美好，但卻完全出乎意料的，我走進生命中的第一個深谷。

相信任何人都會跟我一樣，在遇到這種情況時，並不會察覺到裡頭有異狀。因為一開始都是小小的狀況，用過去的人生經驗就能處理的事，不以為意的一天過一天，沒有很緊急，也沒有嚴重到需要去做「面對」，就只是感到厭煩，對生活中大多數的人事物失去熱情，每天都在找機會逃離現場，不想找朋友、不想拜訪客戶，想一個人獨處，腦袋裡經常一片空白，不知道要做什麼……

這些訊號在傳達什麼內容？對從沒參加過身心靈學習的我來說，關於：每個人都有人生轉捩點，發生的時候有什麼跡象，或是內心會產生什麼感受、念頭，以及現實世界可能會遭遇什麼變化……我通通不知道。就是因為這樣，所以根本沒有把這種情況當一回事，自然不會認為需要求助或尋找解惑，就只是無知地順著自己的情緒度過每一天。

假如當時有一點小小的覺知，或許如今的我，又有另一種可能性存在。但也因為如此，才把我一腳踢進探究人生的道路。我想找到出路，未來會怎麼樣的答案，以及接下來該怎麼辦的建議！

我不知道有多少人跟我有相同的際遇，不過在後來的歲月，或多或少都曾聽到，人們在聽完我的過程後，說跟我一樣在三十五歲遇到這種轉變。雖然故事題材背景不同，可是就感覺到，有那麼一點類似的命運和安排。

人生的轉捩點何時會來？我沒有去做研究或調查，以自己的經驗而言，大多數女性好像都落在三十四、三十五歲左右，男性則較晚一些。轉捩點的發生通常都是由內在開始起了轉變，現實不一定會有什麼事件，就只是心裡起了化學作用。雖說大多數人在當時沒有那份覺知去探究，可是等到一段時間之後，回過頭去尋找片斷的記憶時，都會發現類似的心態轉變階段。

對男性來說，無法理解女人這種轉變，就只是認為是在鬧情緒，可是女人自己又不知道在煩燥什麼？經常聽人說境隨心轉，果真是如此。心裡頭不舒服，看什麼都不順眼，如果再被貼上憂鬱症的標籤，整個人就真的像我一樣，進到生命的黑谷裡了。

用現在的心情來看過去，我對發生的所有事產生敬意。生命節奏的安排，故事場景與發生，都在相當完美的程序中一件接著一件。如果我沒有機會從心靈的角度來找答案，或許我可能會變成一個不斷抱怨、憤世忌俗的人；我的壞脾氣如果沒有讓一次又一次的波折來磨練，那種驕傲的氣焰，可能是現在的我無法想像的啊！

我在想：有什麼方式可以讓即將發生轉變的人接收到這些訊息？雖然我明白，人生起起伏伏其實是生命的賀禮；我卻更覺得，有意識地經歷這些轉折，會讓智慧生長出來，能夠創造出更無限可能的價值與意義。因為人在遇到困境時的學習，是成長最快速的時刻，已經迫在眉梢、沒有退路的人，抓到什麼就做什麼，只要能繼續活下去，什麼方法

＊人生起起伏伏其實是生命的賀禮，有意識地經歷這些轉折，會讓智慧生長出來，能夠創造出更無限可能的價值與意義。

都願意嘗試……這是我多年來觀察到的重點。

曾有一段期間，我盼望著接觸到的人都能了解我在做什麼，也都能聽懂我表達的意思；厭煩了不斷反覆說明講解的過程，因為覺得，大多數人的痛苦都是因為執著在自己的念頭上，即使只要換個角度看事情就能完全改變自己的心情，大多數人也都不願意改變。大量的人執著在對、錯上面，認為只有錯的那個人才要改變，因此把改變跟犯錯畫上等號，寧願傷害自己也不願接受，卻不能理解，改變是有智慧的人會做的選擇，這跟誰是對的或錯的無關。特別是兩性關係，這種情況幾乎無可避免。

☆課題

人生的功課諸多科目，我修的第一段粹煉是情感的課題。不只在兩性關係上，在團隊相處、親子互動，師生關係，合作伙伴……都是我的第一道菜。

⊙讓情緒的能量冷卻

在還沒有進入心靈探索之前，我對於自己心裡產生的情緒和感受完全不了解，都是無意識的順著感覺表現：生氣從臉上就看得出來，有什麼不舒服或委屈，只想要發洩出來，從沒想過這樣是在傷害自己和對方，忍了一天就覺得受不了。因為個性的關係，處理事情都是用情緒做判斷，口中說著道理，說出來的話裡面，有九成以上聽起來都是情緒的發洩，自己卻不自知。

經過了五年，我終於看懂了自己的裡面；情緒和感受是什麼，也終於分得清楚；行為舉止會冷靜地思索過才表現出來；話要說出來之前，會慢慢地讓情緒的能量冷卻，然後有耐心地等待裡面的風暴轉為平靜。

初期要花很長的時間才會過去，漸漸地，我開始毫不保留地記錄自己裡面的轉折和變化，有什麼就寫什麼，想罵、想哭、想過的任何念頭，我都一字不漏地寫或是畫畫。或許是為了讓自己早點平靜，並沒有多去想什麼；一段期間過後，回去翻閱那些自己內在轉變的軌跡，才真正看明白了自己是什麼樣的人。

我體會到：內在的情感模組，像是依賴、匱乏、孤苦、妒忌、占有、掌控……等，這儲存在我們心裡的情感面向，一層一層地被我們的自以為是包覆著，隱藏在核心裡的是「我們無法自己滋養自己」的真相，不斷往外索求所延伸出來的重重事件。

「菩提本無樹，明鏡亦非台，本來無一物，何處惹塵埃」，大多數人不理解自己內在的情感糾結就是塵埃，讓無事變有事，讓小事變大事。我可以理解那種情緒和感受在心裡面糾結的情況，愈想愈悶、愈想愈痛苦、愈想愈氣……在心裡面不斷累積能量，然後到達無法忍受時（臨界質），找不到可以發洩的地方，就沒事找事。

對於一向活在表象世界的人，從沒有往裡面看過、不知道外面的世界是由內在顯現出來的，於是每一件事都認為是由別人造成的，自己也就順理成章的變成無辜事件的受害或受牽連者，因為看不到那件事跟自己內在的關聯性，無法連結起來。發生什麼事就處理什麼事，平時自己內在有什麼抱怨或嘀咕也不以為意，不知道在未來的某個時空裡，心裡面犯上的小聲音，會成長為巨大的人生挑戰。

情緒，是很明顯直接的能量；感受，卻反過來，是相當深厚真實的感覺。情緒可以變成很漂亮的包裝紙，將感受密不透風地隱藏起來；情緒也可以變成很強的武器，如果控制得宜，能發揮出令人想像不到的作用。就像很多人因為情緒受不了，就去做一件平時不敢做的事，然後經驗到過去只能在想像中才會發生的事情。這種案例相信每個人都有，由此可知，情緒其實是很棒的力量，要學會認識並善用，對我們的人生會有很大的幫助。

⊙「關係」是人生必修學分

關係，是人生一定要修的學分，不是愛情就是親情，不是生意場上的合作伙伴，就是職場上的主管和下屬……從我們生活周遭去看，有哪一對伴侶沒有相處上的問題？一段關係裡有好有壞是最正常不過的事，除非發生重大的事情，或是彼此感覺不見了，這段關係才會結束，否則從生命腳本安排的設定裡，關係無論深淺，其中都有需要共同經歷的事件。在事件中有靈魂的渴望，有這段關係設定好的學習課題，在功課還沒有作完前，這個關係就一定會有層出不窮的狀況不斷發生。

關係的學問很大，領域廣泛到可以涵蓋人類歷史數千年，要是從靈魂提升的視角來看，或許會變得簡單一點。我們都知道，原生家庭成長的環境會影響人的一生，在歷經數不清的療癒經驗裡，從小到大的成長過程和人生經驗，構成我們對自己和這個世界的判斷標準。

只要是人，就一定會有段過程是人生的黑暗期，那是個轉捩點，藉由外在事件將我們的注意力從外面轉進裡面，這時是生命之光開始要展現的時刻。每個人面對這個階段所做的選擇不同，所經歷的過程也就會不一樣，看多了就能有種體會：起起伏伏才是正常的人生，那種想祈求一切順利的心態是不正常的，因為根本沒有這樣的人生。

有人的痛苦是來自集體意識的價值觀判斷，快樂與否都被他人制定的標準來衡量。這種痛苦是最常見到的，因為這個原因走進療癒道路的個案，通常需要對抗的都是外界的壓力，會需要不斷強化內在力量，才有可能從這個課題裡完成修練。

在療癒的過程中，有各種方式清除和釋放長期積壓的負面能量，這些能量有情緒、有疑惑、有累積的怨恨……深深影響著我們對外界的判斷和選擇，也控制著我們的未來。

心靈圈子裡的新時代思惟，帶來很多療癒的途徑和方法，為的是讓人們在清理和釋放後，重新建立對生命的另一種觀點和認知，一步一步引導人們看見內在的核心信念，以新的思惟來轉念。這樣能提升內在正向的力量，讓我們在未來的人生道路上遇到相同的事物時，不會再次受傷，甚至能因為過去的經驗，開創出另一條人生的道路。

有人在經過療癒之後，會想起自己第一次遇到的發生。這種發現就像是在記憶的河流中回溯，有人能回想到童年時的回憶，有些回憶能帶來正向力量，有的則嚴重影響著當事人的一生，無法正面樂觀。相信有療癒經驗的人，對我所描述的這些過程一定不陌生。只是，尋找又尋找，用各種不同的方式，把刻畫在心中的那個觸發點找到，然後釋放並清除之後，還是要回到根本的源頭：「自己」身上。

多數人都期望，經過療癒之後，就能擁有自己想要的生活，痛苦可以去除，取得內心的平靜喜樂；以為這樣就是痊癒了，卻在遇到其他狀況或問題時，發現自己還是能力不足，所以就再找療癒師進行療癒。這樣不斷地重覆，有人的內在被提升了，有人則相反。因為每一次經過療癒之後，內心會有種滿足感，感到被愛、受重視與肯定，初期在療癒師身上情感匱乏得到彌補，於是感覺被療癒了，自己又更圓滿了……不自覺的情感依賴很容易發生在療癒師和被療癒者的身上。

新時代的療癒觀念和思惟進入人類社會一段期間後，就開始會看到：人性對情感問題的處理慣性，轉換到療癒的層面，依舊陷入情感匱乏的圈套之中，迷失在自己是療癒師的面具底下。

☆從療癒走向創造

心靈團體處理的是人們內心情感的面向，讓現實世界裡的問題，因為內心的轉變，間接改變對外面人事物的看法和判斷，因而覺得生活不再那麼痛苦。

流動在療癒場裡的能量，一定是跟情感有關的課題。能夠扮演好療癒師角色的人，不只是協助個案看見自己而已，更重要的是能讓個案學會不依賴療癒師，必須漸漸地運用自己內在的力量去面對；一旦發覺個案有情感轉移或依賴的現象時，療癒師自己要有覺知地去調整，讓關係保持在一定的安全距離中，這才是真正專業的療癒關係。

當我從療癒的關係裡覺醒後，才看懂了，所有人的劇本裡根本沒有所謂的可憐、悲慘或不幸的設定，純粹都只是靈魂想要體驗而已。當我覺知到自己能夠以這樣的角度看待人生時，才突然驚覺，自己圓滿療癒者的課題了！因為在我眼中，地獄已經消失，沒有人是需要被拯救的。在最深的黑谷底，每個人都有自己的神在守護，甚至根本不會有人因為這些困境而真的受傷，相反的會更加茁壯堅強。

我看穿所有劇本下的真相，這些安排是每個靈魂給自己的禮物。這種覺悟解下我的包袱，鬆開救世主情結，從加害者、受害者的故事中脫離，再也看不到生命中的殘缺；聽著人們訴說、耳中響起的，都是生命裡鏗鏘有力的迴盪，沒有了無助的吶喊與悲痛。我終於能從那種深切的悲傷中醒來，眼中的人們即使正在承受生命的粹煉，我也都堅信著，他正在走向他的內在，與靈魂連結，與內在的神相遇。我可以送出最真誠的祝福，不是因為擔心而做，是因為信任！

我也明白，成為療癒師並不是代表我比誰有能力，或是我特別受到某高靈的眷顧，都是因為被療癒的靈魂們跟我的約定，願意讓我藉由療癒關係經驗到自身內在的力量；那些被療癒的人也不是真的心靈受傷，只是他們的人性必須如此地認為自己，才能把被療癒的角色扮演好。只要我心裡知道，再也沒有人需要經由我來救贖，我便從地獄裡出來，完成自己的療癒。

所有正在經歷的各種人生，都只是暫時從天堂出來旅行而已，並不是我的帶領才能讓人進入天堂，相反的，被我療癒的人，都是從天堂出來指引我的。這個覺醒，讓我卸下療癒師的身分之後，不再想發揚光大我的療癒之路，相反的重新跳到另一個世界，真真確確的進入創造的領域。

創造性的思惟能將我們帶到另一個不同的國度，在那個世界裡，沒有真正的問題存在，因為每一個發生都在有意識的狀態下被創造出來的，只有在舊有的制約性觀點下，所看到的現象才會變成阻礙或挫折。這是我在進入創造的路上所體會到的。

用舊的觀念解讀判斷所有發生的事，會產生一種結果：凡是不在預期內的計畫、設想、邏輯推演中的每一種情況，都是不順利的代表。頭腦會自然判讀，少了創意的發想與觀點，往往看不到事件背後可能的轉機或訊息，於是總會用「解決問題」的態度和方式來處理；更嚴重的是，大多數人會用問題解決問題，也就是說，通常是解決這個之後，又會發生另一個問題……讓簡單變複雜，讓容易變困難。

☆用創造性思惟取代解決問題的舊模式

從心靈的層面來看，人與人之間除了表面上的關係之外，更深一層的關係存在於看不到的內心之處。姑且不論是否相信有沒有靈魂存在，在生活中大家一起哭、一起笑，那個共通處就是內心的感受，觸碰到靈魂深處的悸動，「心動」就是由內外合奏產生出來的共振效益。

所有人都渴望掌控一切，頭腦和心靈爭主權的戰場一直沒有喊停過；顯現在生活中，化為無數的爭鬥，從小到個人的關係，大到國家和國家種族之間。立場角色不同，即使要去到同樣的未來，也不代表就是同路人，甚至可能是敵人！公說公有理，婆說婆有理，聽起來好像都對；要能找到讓大多數人滿意的方式，過去的經驗告訴我們，這機會很小，特別是牽涉到的人及層面愈多愈廣，愈難解決處理。這有一大堆利益衝突的事件案例，每天的新聞畫面都能看到，解決不完又處理不了，一拖再拖的事件數都數不完……

集體意識是強大的能量，構成了我們的社會。渴望安定祥和的心，每個人都有，那為什麼卻有那麼多不公平、不合理存在呢？集體意識中有我們自己的一部分，提升的目的在於改變意識頻率，不同的意識頻率構成不同的物質世界，成為社會多元的樣貌；你不想要在這樣的世界中，你就要有意識的改變思惟，然後從舊有的世界中脫離出來，進到另外一個新頻率世界中。

這聽起來很不切實際的感覺：改變思惟就能解決問題？怎麼可能？我知道大多數人都會這樣想。的確不可能，所以我才特別指出「有意識的改變思惟」，在有意識的狀態下去作轉變，在有意識的狀態下重建新的認知，然後開始導出新的人生體驗，建立新的信念。

信念是由經驗積累而成，所以你不可能只是想法轉變就能解決目前的困境，要是你願意給自己機會嘗試一下，那麼不妨拿起筆來開始書寫。只有書寫才能讓你自己親眼見證到「意識」的力量，也只有在眼見為憑之下，你才有真正改變的動機與意圖，轉變的發生才可能達到意識頻率的層次。

好命、幸運從來都不是偶然的機緣，一直以來都是有跡可循、有脈絡可找的，只是不容易找到而已，但不代表不存在。現在有個方法可以讓你自己來發現，就是書寫！每一次學員們分享書寫的心得，都會聽到他們說出相同或類似的話，發現另一個世界的自己，或是不敢置信，現實中發生的事都在自己的書寫本裡出現過！這是相當令人感到震驚的發現。

很多人都想要心想事成，然而每個人其實都有這個能力，只不過是因為大多數人都

＊信念是由經驗積累而成，所以你不可能只是想法轉變就能解決目前的困境。嘗試一下拿起筆來開始書寫。只有書寫才能讓你自己親眼見證到「意識」的力量，也只有在眼見為憑之下，你才有真正改變的動機與意圖。

很無意識地想事情，所以在沒有記錄的情況下，無法比對出，發生的事情跟腦袋裡的想法之中，存在著什麼關聯性。漫不經心、無意識的人很多，因此大多數人都會遇過狀況外的事，偏偏所有人都知道人生無常，卻還是花盡一生的力氣在努力維持順利與安定。

證據是騙不了自己的，一旦找到了答案，就會明白宇宙運行的法則。人生劇本一直都是由我們自己編寫的，在成長階段，除了父母的基因外，每個人都有屬於自己的學習設定；直到我們開始想真的作主人生，經由學習鍛鍊，一點一滴、有意識地參與了未來之後，就會漸漸地脫離原有的基本框架，完全掌握在自己的手上。

當我們的心被觸動，是憤怒也好，是開心也好，是激動、傷心、緊張、慌亂……任何從心裡面升起的反應，代表一種訊號，在傳達訊息給我們，讓我們從中了解自己的內在：因為什麼事開心，因為什麼事憤怒，因為什麼事痛苦……甚至可以協助我們認識到裡面產生出來的能量，進而運用在面對和處理外在發生的事件。

能夠練習觀察自己內在升起的各種反應，不去判斷好或壞，不過度參與擴大這些反應，你就能找到讓自己產生能量的事物。什麼事會讓你開心，什麼事會讓你緊張，什麼事會讓你抓狂……當你有足夠的素材後，再來好好地認識這些反應，然後有意識地和那樣的自己相處。你所發現的「反應中的自己」，就是自我，另一個有意識的你是觀察者。

一開始你會混亂，懷疑自己是不是精神錯亂。曾經我也有過類似的想法和心態，只

＊能夠練習觀察自己內在升起的各種反應，不去判斷好或壞，不過度參與擴大這些反應，你就能找到讓自己產生能量的事物。

是當鍛鍊一段時間之後，就會漸漸明白：我們一直都是活在自己內在的感受裡，即使以為自己是眼見為憑或是無神論。最終你無法擺脫自己是人，有人性面的感受和情緒，並且深深地以這個感受來下判斷與結論，以為的理智只是一種想像。

被頭腦所控制的人，是用自己的邏輯，合理化一切事物，只是以為自己「沒有把個人考慮進去」的認知，事實上真相都是：以內心感受為主觀判斷來跟世界互動。只有當我們練習以觀察者的角度來體驗世界，才會完整地看到，自己跟外界溝通的方式，有極大比例都建立在相當不客觀的層面上。

因此，問題的真正樣貌就出來了：事情不照著我們的設定走，就是產生問題，就是遇到障礙，要快點解決，才能讓事情回到本來的設定裡，這樣才是對的，才能在我們的掌控之中。大腦裡的慣性總是這樣發出訊號指揮我們，沒有覺知到這個真相之前，當一個問題被解決，又會再延伸出第二、第三個問題，於是每天都在解決、處理問題的循環中，將歲月揮霍殆盡。

要是能轉個方向和角度來看待，或許事出必有因，把因找出來，那麼後面的發展與結果肯定不同。這並不是說不用去解決或處理，只是過程中多一個步驟，讓每個發生的事情都帶著禮物而來，而非解決不完的煩心事。這樣你依舊在讓事情回到設定的軌道，中途岔出的突發狀況，或許就是一股力量或機會，在讓你的計畫變得更圓滿。

一個創造者，能將事情從頭至尾都照著計畫完成，並不是件容易的事。只要過程中能化險為夷，最後的結局如心所願，甚至還收到豐富的經驗與智慧，問題就不再只是問題，而是提醒和教導；不是困擾或障礙，而是禮物和機會。

3

改變

從觀察與覺知中自然而然

問題，是個標籤，被過去的經驗和認知貼上的。因為「問題」出現，表示事情沒有在你的計畫中發生，也許是干擾破壞了你的計畫進行，由於不在你頭腦設定中發生的狀況，那個情況就被貼上了「問題」的標籤。但，有沒有可能其實是：要這樣才是最適當的發展，只是你沒有想到而已。

最常聽到的例子，就是本來某人要上飛機，卻因為去機場的途中塞車，或是出門時忘了帶護照……這類的意外狀況，結果飛機失事了，某人沒搭上死亡的班機，本來懊惱不已的事變成上天保祐。這樣的事件，相信你我一定不陌生。

在心靈界最常提到的就是「所有發生的事，都是好事」，這對生活以表象事實為主的人而言很難接受，因為無法理解：發生的事跟自己有什麼關係，那是由別人導致的，為什麼要每件事都牽扯到自己身上？

☆ 改變，是因還是果？

一切的源頭是從哪裡開始的呢？當我們「想」做一件事開始，有個念頭，那個念頭起點只是看不到、摸不到，存在於腦裡的一個點；經由你的行動去落實下來，念頭變成事實，帶來了人生體驗。從念頭到事實的過程，有很多條路徑，有長程也有短程，沒有好或壞，也沒有對或錯，最終的定論一定要在實際經驗過之後，才能真正地水落實出，切莫讓一個念頭在還沒有成為事實之前，就進入了審判的法庭裡。

很多人心裡都有不錯的點子，但如果一開始就被打槍否定，很容易就會直接放棄，從沒想過讓那個點子成為事實；意圖和動機，光是在點子剛剛成形時就被消滅。想想看，一個人一生當中有多少個沒有實現的點子？一定很多，而且數不清，很多光是用邏輯性思惟所做出來的判斷，有可能與事實相差甚遠也說不定。

人的一生，機會天天都有，人人所擁有的機會也都均等，答案之所以不同，在於你的選擇與決定：是相信自己還是他人？是用自己的力量證明給他人看，或是由他人來為你的人生做決定？

人們經常會為了一個結果而努力，卻很少人從「改變是起點」這個角度來看待。當你把一個新的開始當成起點，那就是個改變，在改變中你起了頭，是你讓那個結果有機會出現，因此你要有意識的去進行那個開始，無時無刻與那個想要的結果對焦。改變的過程中，你可能會獲得預期之外的禮物，所得到的果實也可能不只一樣。

改變是個未知，對你而言，這是沒做過的嘗試；於是大腦就會進入學習，性格會被磨練，慣性進行調整，自我在擴展，認知在重建。

一個點子能帶給你的往往超出預期很多很多，值得期待與投入，只要你願意把對結果的關注平均分攤在過程中，一步一步前進，不偏離初衷和方向，基本上你所得到的，都會大於原本設定的水準之上。

「你一直是獨特的」，這句話必須要被驗證，如果你還未體驗到自己的獨特，就相信自己是獨特的，那只能停留在想像的層次。你的生命是為體驗而來，在你來這裡之前，你已經知道很多很多，就像圖書館裡的書一樣，唯一缺的就是實質的經驗所知道的一切，這是為什麼人要帶七情六欲，要有各種不同的感官覺受的目的。要是我們在尚未經驗之前就有了判斷，那麼這些判斷都是來自於想像或是他人的經驗。

想想看，今天換成你，因為你是獨特的，所以可能會有不同的答案與結果出來。當然這裡指的不是那種殺人放火的事，而是你心中的願望和夢想。大多數人不會立志當壞人，都是因為某種特別的過程或原因導致，我在這裡針對的是多數人而言。世界上的事情無奇不有，人生的故事千百種，而且每個人的想法都有其獨特的邏輯性，要是把想法比喻成道路或是河流，順著那個想法發展下去，我們會讓事情如何繼續呢？

對改變的認知要重新建立，這樣才能跳脫舊有的框架，將改變的力量用得恰到好處。可能還有人停留在面子的問題上，覺的改變的那個人就是不對（我有什麼錯，為什麼改的人是我？……），被這種想法綁架的人，很容易把自己困在死胡同裡，往往已經不是

*一個點子能帶給你的往往超出預期很多很多，只要你願意把對結果的關注平均分攤在過程中，一步一步前進，不偏離初衷和方向，基本上你所得到的，都會大於原本設定的水準之上。

對跟錯的問題，而是面子上的問題了。如果你沒有這樣的難題，那麼恭禧你，可以朝向改變之路前進；有了改變的勇氣，基本上就值得被肯定和支持，至少你已經突破和超越面子的障礙了。

改變是一個人把主導權拿回來的第一步，這是一種承擔力：無論好壞，我都願意從我這邊開始做轉變，因此我接收這一切現狀；唯有如此，我才能成為這當中的主人，能將改變的力量發揮出來。這是當一個人準備好改變時，會產生的內在智慧與覺醒。

物質世界裡其實有個祕密，很重要的祕密：當事情還沒有成為事實之前，每件事都有改變的機會，百分之百。或許對還沒有經歷到我說的這個現象的人，會無法想像，甚至還有可能不敢相信我說的是真的。

我曾有過幾次懷疑：是因為我的修練不同，還是因為基本上八字或命運的關係？所以會不會只有我才可以做到？為了找這個答案，我又開始了實驗的毛病，試著用在自己和他人身上，試著在不同的事件上嘗試。

果然，我得到了相當寶貴的回饋：我們每個人都有扭轉現實的能力，百分之百。這是自由意志的力量，特別是在有意識的狀態下，行使自由意志做選擇，是人人都有的權利。重點是，大多數人會做的都是什麼樣的選擇和決定呢？習慣性的先往壞的方向去想，習慣性的未雨綢繆，習慣性的做最壞的打算……這些是人類世界的慣性，集體意識的創

＊物質世界裡其實有個祕密：當事情還沒有成為事實之前，每件事都有改變的機會，百分之百。

造，也是大多數人靈魂的枷鎖，緊緊地箝制住人的心智，沒有強大的內在力量，很難從裡面靠一己之力脫逃。

正面的思惟，跟未雨綢繆、做最壞的打算，是相互矛盾的信念。不希望發生，卻又在準備；希望的結果，卻又給了其他相衝突的可能性。一個是頭腦裡的設定，一個是內心的期望，這兩者都具備實現的可能性，接下來就是「信念」這關鍵的一票要投給哪一個結果了。

你的恐懼是什麼？恐懼就像個黑洞，會把所有的能量都吸進去，只有堅定的信念能穩住；要是你相信的是恐懼，那麼心想事成就會發生，你實現了自己的夢魘，換言之，你相信的就是現實會發生的結果。

幾乎沒有人會把「最壞的準備」當成負面來看，總覺得這只是準備而已，但是對創造者而言，這是相當大的禁忌。創造者依靠的就是信任的力量，「信任」和「絕對」是一體的，除非一開始的設定就是要創造衝突與矛盾，否則，這是創造的法則；在創造的世界裡，沒有失敗的可能性會存在。

也許你還沒學會怎麼創造，這是條新的道路，在這條道路上，有很多認知需要重建。在舊有的法則中生存已久的你，會經歷好幾次「將舊有的自我推翻」的考驗，每脫去一層，你就像重生般蛻變，成為一個創造者。要時時刻刻都處在「新」的狀態中，已經存

＊正面的思惟，跟未雨綢繆、做最壞的打算，是相互矛盾的信念。

在的就只是存在，能用任何一種創造推翻或重建，不會執著在某個結果上，更不會執意於某個過程中。

因為是創造，所以有所有的可能性，這時候最大的挑戰不是創造會不會實現，而是有多少創意能被創造出來！所以，當你想要進入創造的層次，你就要學會落實的能力。這裡又要把我的觀察結果拿出來用了。

舉例來說，人們都知道遇到事情要朝正面去想，知道盡量往好的方面看，這些都是道理；遇到事情時，卻完全忘得一乾二淨，事後再回想，總是後悔不已。是什麼原因呢？為什麼明明知道的，卻總是無法用上？一定要等到發洩完情緒才想起來！可是，在氣頭上說的難聽話，要怎麼收拾？在情急之下做的決定，收不回怎麼辦？都是情緒惹的禍！

你也是如此嗎？在教室裡頻頻點頭，在教室外頻頻搖頭，每本書裡寫的都差不多，大道理聽了不下數十數百次，怎麼就是臨到頭來用不上呢？

其實不用自責，只有一個答案，就是：沒有建立腦神經的連結，所以無法隨取隨用；因為不是慣性，又沒有保持覺知，因此有這樣的反應是正常的。那要怎麼做才能轉變呢？就是刻意地去做，刻意地練習，直到刻意成了習性，不用提醒，也能自動上線，化知識為經驗，這樣就算修練成功了。

你僅僅需要對抗的是自己的惰性，以及不想改變的習性，這是最大的敵人。只要能

＊當你想要進入創造的層次，
你就要學會落實的能力。

夠征服這兩點，往後再大的挑戰都難不倒你。試想看看，過去你是否曾有過類似的經驗？假如沒有，那麼就給自己來個機會，你會見證到最真實的自我是如何在過程中展現，也會如實地經歷到我之前的提醒。在未來的人生中，你何時能經驗到自我的突破與超越，都來自你對自己的選擇與決定。

聽起來容易，做起來難。回到經驗這個面向上，就是大多數人無法「落實」的真相。很多人被頭腦的系統欺騙，以為知道就是做到，卻不清楚，從知識走到真理的過程需要經由「落實」來印證。「落實」指的是化知識為經驗，你必須取得屬於你個人的體驗，走出你自己的真理之路，與內在的聲音取得聯繫，運用內在教導，回歸生命的初衷，你就能擺脫靈魂深處的枷鎖，放自己自由，成為創造者。

轉換一種新的生活模式，讓改變成為起點，一點一滴累積出新的習性，取代舊有的慣性認知，這過程就像新生兒一樣，由你的意識重組出全新的自我。創造者過的生活，表面上看起來沒有什麼不同，可是路徑和結果卻完全兩個世界。

創造所經歷的過程是立於「有意識」的層次上，所以每一個發生都有主人，每一個事件都有創造者，每一個創造都連結著某個結果，每一個結果也都握在創造者手上。在「因與果」之間，沒有過多的迂迴纏繞，也沒有沉重的情感包袱，不為解決問題而誕生，只為產生經驗而存在。所以，真正的創造者必定能落實所有想法，只有願意放下自我的人，才有機會進入到創造的國度，在每一次的蛻變中，舊有自我的毀滅是必然的經過。

緊緊守著原有的種種，這樣的人是無法成為創造者的，因為有太多制約會局限了創造的力量；沒有足夠的想像力為生命帶來不凡的體驗，那就留在原有的世界即可，至少那個世界還能保有空間發揮。

這是我深刻的體悟，並不是每個人都適合成為創造者，很多想學會創造的人，並不真的明白創造者的責任。創造的目的是為人類帶來全新的體驗，在無限的想像力引導中，讓人類用各種不同的方式，經驗到生命多樣的可能性，讓生命變得有趣和精采，屬於生命演進的推手。

最現實的考驗會像是：給你一張白紙，沒有任何的主題和要求，只讓你順著內心指引來創作，用什麼方式、原料、手法……通通沒有設限。這時候你能在白紙上揮灑出什麼？是漫畫、書法、文字、剪貼、油畫、素描……都由你決定。

人性是很有趣的一種模組，是充滿矛盾又能自在和諧運作的有機體，能收納很多不同的內容，一方面痛苦時還能苦中作樂，甚至還樂此不疲。因此，人有極大的可塑性，只要能夠找到舊有的局限，就有了突破的目標，一次又一次挑戰極限，絕對經得起種種考驗，也絕對不會失敗。

你在不同的選擇中經驗到其他，就像你做了某種選擇一樣，等到玩夠了，不想再繼續玩同樣的遊戲時，自然就會想要改變，時機到了，誰也檔不住的。有那麼一天，當你準備好了，創造的大門就一定為你而開。

這是我的觀察。改變並不難，準備好了自然就會發生，所以不用懷疑自己，也不用太在意，現在你在何處。你真的想要轉變的時機到了，惰性和慣性也攔不住你想改變的心，這是心靈圈子常說的：你覺醒了！不過，這只是開始而已。

人，從知道、做到，然後經驗到，往往要走過頭腦想像之外的旅程，未知永遠都是頭腦的挑戰，無法掌控的狀態是頭腦最難處理的問題，特別是，頭腦裡完全沒有檔案可搜尋時，那時候就只有腦袋一片空白。「神」最喜歡這種時刻了，當我們的頭腦無技可施時，才會用真心去祈求神的協助；也只有這種時刻才能放下傲慢，用真誠和謙虛來面對真實的自我，這在心靈圈子常用「臣服」兩字來形容。

但是只要還有其他選項，即使是頭腦世界裡的認為，自我仍會繼續用自己以為的方式來面對和處理，因為自我很清楚放下掌控權的後果。大部分人的恐懼都是這個，「怕自己一無所有」的假象，就是從自我的層次散發出來的訊號，人生經歷愈多的人，愈容易有這種現象。再退一步去想，事實上如果真到了那種地步，擁有的也只剩下自尊心而已。

談放下和放手，其實是同樣一件事。自我是由人生經驗累積出來的，經驗愈豐富，自我就愈強大，偏偏人生最大的挑戰就是征服自我；因此那些有成就的人放下一切，跟一般人的放下是完全不同層次的，至少對於什麼都沒有的人來說，最多就是面子問題，可是對擁有很多的人來說，那個面子可不是自尊心而已。

所以，困境就會是美好的創造，是為了讓人們放下自我的機會。當困境來臨，表示你正受到神的眷顧；在重重的壓力下，超越了過往經驗之外的困境，能讓你赤裸裸地把自己呈現出來，向生命臣服，向內在的自己屈服。溶解了驕傲和自尊，才能重新點燃生命之火，展開全新的旅程，就像置之死地而後生般地，重新活出更高的存在價值。

過去這些話對我來說，就像人生大道理般地無趣，又充滿教訓意味；在跌倒好幾次之後，就明白那是什麼滋味。在每次的跌落中，我看到倔強的自己離去，也見到柔軟謙虛的新人出現，那過程就像大樹被砍掉樹幹，只剩下樹根一樣，一切要重新再來。

生命果然是個神奇的創造，何以能在經歷過那麼多挫敗後，仍能不倒的繼續活下來，甚至愈活愈壯大勇敢？在不曾平息的生命中，變化總會存在，卻仍能看到對改變無法適應的人，這令我感到好奇。每一天會出現的不預期機率比預期中多很多，為什麼人還是希望每件事都能在自己的計畫中呢？一天之中「本以為的」跟「實際發生的」，永遠沒有百分百吻合的情況出現過，為什麼大多數的人還會對變化動了情緒，無法接受呢？要是從來都沒有遇到過，那還情有可原，可是幾乎所有人都是在變化無常的世界中長大的，

＊每一天會出現的不預期機率比預期中多很多，為什麼人還是希望每件事都能在自己的計畫中呢？

怎麼對於「不在自己預期內、有變化」這樣的情況，有過度的反應？答案還是回到「掌控」這個焦點上。

事情發生的時候，情緒是第一個影響判斷的因素；情緒的能量占滿整個心智，沒有保持覺知，幾乎就完全被情緒操弄。覺知通常都在情緒能量消退後才跟著理智回來，但有時候為時已晚。在情緒的當頭，沒有人會往好的那一面去想，衝動是正常的，衝突是必然的，接下來的發展，就在那一瞬間被決定了，成為事實！

我們用客觀的角度來觀察，就會發現，保持覺知有多麼重要；因為相較於情緒，思想的能量感覺起來輕輕淡淡又快速，不像情緒的比重又強又大。就是因為如此，大多數人要在情緒上來的時候還去考慮到怎麼想，這根本是沒有幾人能做到的！所以要在平時鍛鍊，刻意保持觀察的視角，覺知自己心裡的感受和腦海裡的想法，才能漸漸養成大腦神經元的連結，形成慣性，之後就能脫離被情緒能量控制住的情況，然後成為自己的主人。

思想就像編劇，自由意志是導演，在彼此共同合作下，創造出動人的故事；在故事裡有靈魂渴望的經驗，在經驗裡成長提升，人性在經驗裡產生情感，動人、動心的畫面和情節，讓人沉陷在其中。

思想的力量貫穿了歷史，演進到如今，所有一切都源於靈感，靈感觸動一個人去做某件事，靈感帶出創作，靈感刺激了生活新經驗……靈感經由不同的人呈現出不一樣的作品，在人間的每個角落，帶動文明進步！

我們一直用想法在編輯未來，想法決定了一切發展與結局。這個事實是真理，卻被所有人忽略，在腦海裡跑來跑去的胡思亂想，像是完全跟自己無關那般，一下想東、一下想西，一下想好、一下想壞……要是人們知道所想的都會發生，是否就會認真看待腦海裡的每一個念頭呢？大部分好的都不會實現，壞的卻每每發生，為什麼會這樣？

我的觀察：當不好的念頭出現，這裡面通常都已經攜帶了恐懼，與其說希望好的事情發生，不如更具體的說，是相信發生壞事的比例大於好事。試問我們自己，是否幾乎十有八九都抱持這樣的態度：未雨綢繆的習慣性考量，先做好「壞事會發生」的準備……沒有人說的準會發生什麼事，好的壞的機率均等，大多數都會著重在負面上；預防的概念裡潛藏著恐懼，就看是何時達到臨界質量，那些準備就用得上了。

我們生活中的每一件事都有其根源，並不是隨機的出現，人類還無法完整地抓住思想的脈絡。從個人到集體，雖然都知道集體意識的重要性，也漸漸明白，意識的粒子是構成萬事萬物的基礎原料，也是最小單位；然而在生活周遭，負面思惟如悲觀主義者、受害者、自我保護的人比比皆是。要怎麼樣才能深刻地體認到這個嚴重性，可能還要一段不算短的歲月。已經理解了、正在調整的人，再加上領悟了、不斷分享宣導的人，我

＊為什麼大部分好的都不會實現，壞的卻每每發生？因為，當不好的念頭出現，這裡面通常都已經攜帶了恐懼。與其說希望好的事情發生，不如說是相信發生壞事的比例大於好事。

相信終有一天，人類會從思想的層次醒過來的。

☆人生、現實、心靈、意識，交織出過去、現在、未來

我舊有的劇本設定裡，要求每一個過程均需以實際體驗的角度來印證，所以我被置入凡事打破沙鍋問到底的性格，對於人們傳述的道理和方法，如果無法從生活中讓我取得經驗，印證事實的論點，我是不會相信的。

就像是前世的記憶，我曾有過幾次催眠的經驗，後來自己也去學習催眠，得知某部分前世的故事。我回到現實生活中觀察，試圖找到一些跡象，想印證催眠過程中，出現在腦海裡的那些影象和畫面是否真實，也曾被那些故事的情節深深地影響著。當時我以為那是根源，漸漸地隨著內在提升，我明白潛意識裡的浩瀚無垠。

為什麼人要把前世的記憶拿掉？原因就是要讓我們活在此時此刻，一次又一次用不同的身分立場來體驗相同的故事，看看會不會做出不同的選擇；結果當我回到過去的故事裡，卻沒有發現自己正死命投入一樣的劇情裡，不只自己淪陷在那樣的情緒裡，根本就忘了自己所在何處。

我的過去能從潛意識裡找出來，而現在的我呢？也會成為未來的前世，我卻把心思

＊為什麼人要把前世的記憶拿掉？就是要讓我們活在此時此刻，一次又一次用不同的身分立場來體驗相同的故事，看看會不會做出不同的選擇。

放在過去的前世，那麼未來的我又會如何？

我想，是觀察的習性讓我從這當中覺醒出來。生命裡的許多設計其實有著很微妙的意義，就連死亡都是美麗而動人的。為什麼要把前世的記憶拿掉，也許就是要我們重新在同樣的經驗裡做不同的選擇，我如果沒有覺知到這個創造的目的，不就浪費這一次的機會了嗎？

我相信除了催眠之外，應該有更具體的方式可以將潛意識提升為表意識。為什麼我會有這樣的念頭出現，最主要的原因是：有一次我為當時心靈組織的學員們催眠，順著我引導的指令，每個人腦海裡的畫面都不一樣。其中有個學員說，什麼都沒有看到，於是現場很多其他的同學們就你一言、我一語地向那個學員描述。在那一刻，學員口中說出一句讓我印象深刻的話：「你們說看到的畫面，其實是腦裡的想像，是嗎？」我當時被這句話敲醒。多虧了那個學員的提醒，我用另一個不同的角度來看待潛意識。

並不是催眠不好，而是催眠只能留在腦海裡，沒有足夠的力量成為具體的證據，來促使人們有意識的改變，因此我需要找到新的方法。我決定回到當下的真實生活中，用另一種更具體實際的方式，探尋意識界中的奧祕。

創造和經驗，都需要透過意識來顯現，這是個理論；我要找到真理，讓這個理論化為實際經驗。我相信絕對有方法可以做到，因為，在腦海裡的檔案一定有跟現實世界連結在一起的橋樑。過去存在的一切就只是存在，沒有辦法找到十足的證據來證實；要是能從現在的生活中找到跡象和訊號，就一定能循著這些軌跡找到源頭，未來也一定是在這個法則之中運作出來的。

走路、書寫、放目標，這三個人人都能做到的方法，能夠具體的使用「意識」來改變原來劇本的設定，進入到由自己創造的現實中。

對我而言，心靈並非是想像的，心靈也不是沒有根據的，我們要從自己對心靈的幻象裡醒來，如實地活在每一刻裡，那才是身而為人的根本；要是一味的追尋抽象又不具體的感覺，很難真正活出生命的意義，因為跟物質世界永遠有一道牆阻隔在其中，所見到的又像真又像虛，抓不到卻又能感受到。

關於前世，我自己的看法不再像過去那樣，覺得那是自己的根；我開始認為那只是一小片斷的過去，我們一定能從目前的現實世界找到很多過去的跡象，但必須脫去故事的情節，要是再從情感的面向進去，就很難看清事情本來的面目。

要為現在所遭遇的事情找到根源，就像回到過去一樣的旅程。但不管找到什麼，最終還是要回到此時此刻現實的自己身上去面對！或許可能面對的心態不同，不變的事實是：「現在就是考驗，現在就是要去學習的課題，現在就是一次機會，現在就是答案與結果，不管過去怎樣！」潛意識顯現為事件，是一個訊號，表示到了可以去開發那個意

＊心靈並非是想像的，心靈也不是沒有根據的，我們要從自己對心靈的幻象裡醒來，如實地活在每一刻裡，那才是身而為人的根本；要是一味的追尋抽象又不具體的感覺，很難真正活出生命的意義。

識層次的機會到來。我們可以選擇從過去的記憶裡找，也可以從現在當下的反應與判斷裡找，更可以從解讀與立場中發現。

潛意識與表意識必定有某個關聯，生命安排在這個時間發生，就一定會具有某種意義。宇宙中沒有隨機與意外，每件事、每個人都在這個整體之內，牽一髮動全身，分離的思惟讓大多數人看不到自己的影響力，不知道一個簡單微小的動作可能導致的變化有多大。

要是曾經學習或研究過占星學的人就知道，從一個人的星盤再到另一個人的星盤，更寬廣地到家族、國家、政治、經濟、教育、產業……地球，都有環環相扣的接連。當然還有其他各種流傳在民間的命理工具。

這些年很多科學家們的最新研究，也漸漸地發現：表面看起來不相干的事物，當中其實是有某些關聯性存在的。人類集體意識在不知不覺中加速地成長和提升，從舊有的制度中覺醒，一波接著一波，被顛覆、被取代是變動中的正常；新的到來、舊的被摧毀是常態，其過程中拉扯與抗拒產生出來的動亂，是來自人們內心深處的意識能量到達臨界點所顯現出來的結果。

這個世界正在更新中，有如人們內心的覺醒。如果有夠多的人了解，這是美麗世界到來之前的必經過程，就能用著信任的態度來面對；再加上有創造力的人投入在新世界

＊宇宙中沒有隨機與意外。分離的思惟讓大多數人看不到自己的影響力，不知道一個簡單微小的動作可能導致的變化有多大。

建構的任務之中，或許轉變過程中可能導致的損傷與破壞就會降低，甚至可能是在自然和平的狀態下生成。

安定的內在具備一種力量，那個力量可以化腐朽為神奇，像乾坤大挪移般反轉現實，這個力量就是「信任」。

這世界一切的人事物都跟「信任」有關。說起信任，我要感謝這些日子陪我走過每個階段的伙伴們，他們如實地執行對我的粹煉，鍛鍊「內在信任」這項任務，幫助我完成了對情感課業的修練。我在此對所有曾在「創覺心靈啟發」參與的每位朋友們，致上最真、最深的祝福與感恩，若沒有那五年大家對我的教導，就沒有今天的我。

自己本來的個性固執、驕傲、自以為是、倔強、好勝心、愛比較、指使他人、情緒起伏大、沒耐性……因為這強烈的性格，我要學習的科目相當多。如何能把固執提升為堅持，把驕傲轉化為自信，把倔強修正為承擔，把指使他人調整為管理和領導的能力？沒有經歷一番刻骨銘心的鍛鍊，我永遠無法明白生命的偉大；若沒有提升到能夠用更高的視野看到萬事萬物存在的神聖性，我也許會在怨天尤人的憤怒裡終結一生。

在信任的基礎下，所有的可能性都是如心所願的。人，不管遇到的是什麼事，信任會是很重要的關鍵點；許多不需要發生的問題或狀況，都是因為內在信任的力量不足所延伸出來的。信任是宇宙中最強的接著劑，所以才能將一個人所相信的事物吸引到現實

＊安定的內在具備一種力量，那個力量可以化腐朽為神奇，像乾坤大挪移般反轉現實，這個力量就是「信任」。

生活裡，這是我十多年來最深切的體悟。

如果人們能透過我的經驗，將心中的疑惑去除，或許就有很大的機會能提升我們對內在力量的信任，進而投射到物質的現實世界中，不僅能轉變或改造出自己滿意的未來人生，也為我們熱愛的這片土地貢獻一己之力。在此致上最真摯的祝福，願所有的讀者們都能跟我一樣，如心所願！

4

信任

成就一切心中所想的事物

信任，是一個很少被真正重視的層面。在我們的生活中，幾乎大大小小的事都跟信任有關，不管是多麼困難解決的事情，只要從信任的層面去看，很容易就能找到其中的關鍵點。人對人的信任，人對自己的信任，人對未來的信任，人對萬物的信任……最後可能會讓我們看到，生命裡所有發生的過程中，都需要信任來支持，唯有信任能夠讓我們渡過所有難關，愈大的挑戰裡需要愈強大的信任力量。

☆信任是一種內在的力量

如果深入去探討，就會發現，所有的修練最終的果實就是——信任！當你的內在具備信任的力量時，所有的想法會輕而易舉地實現在物質世界中。

信任會讓你所想的事物沒有其他的變數；信任會去除不必要的過程，縮短你和夢想之間的距離；信任能純化一個人的思惟；信任也會淨化你的心；信任更能建立起一個安定的環境，讓你的夢想安然地成長茁壯；信任之於現實，就好比宇宙中最強的接著劑。

當你無法信任時，所有跟信任有關的相反事物都會發生在你的人生裡。大多數人都曾經歷過虛假和不真實，但這不一定是欺騙或更糟的背叛。例如：當我們知道某個跟我

＊當你的內在具備信任的力量時，所有的想法會輕而易舉地實現在物質世界中。

們很親密的人有些事情沒有說，特別是別人知道、我們卻不知道時，那種心情很不舒服，會懷疑我們之間的情誼，也會想要知道，為什麼對方不告訴我們？心裡冒出來的疑問一個接著一個；要是對方又是我們相當重視的人，那麼這事肯定不會自動平息下來。這是我們很熟悉的情節。從這個事件中就可以看到，什麼是信任的相反面；從你的反應裡也會看到，你內在的不信任能量，不是針對某人或某事，而是藉由某人某事，看到自己內在的本質。

對於未來的人生，同樣是信任的考驗。是要相信未來，還是要相信自己？如果自己沒有自信，又希望未來能如心中所願，或許有人會選擇寄望在未來上，至少未來並不會明天就到，夢想不會馬上就實現，所以我相信未來一定可以成功的。當你問他對自己有沒有信心時，卻得到不確定的表情！

信任，跟自己的能力無關，有時候完全不會的人，憑藉的也只是心中對夢想的強烈渴望就能成功。你問他成功的過程中，心裡有什麼想法，會得到一個常常聽到的答案，那就是「單純的做，沒有想太多」。

試想看看，你的生活中，有沒有「單純的做，沒有想太多」的事情？如果有，那麼這裡面存在的力量就是「信任」。在信任裡，事情會變得相當簡單，就像你知道地心引力一樣，會自然而然地持續做下去，沒有懷疑，也沒有不安，只是不斷地前進，然後不知不覺就到了。

「信任、專注、絕對」這三者是一個整體，在創造者的身上，這必須成為本質，鍛鍊到成為本能，對所有要創造的事物，都建立在這樣的基底之上。也許有人會誤以為，信任指的是完全地相信別人，這並不是完整的認知。信任的根源來自於內在，我們內在具備信任，是因為我們跟自己的關係足夠緊密，那麼吸引和接觸到的人，也會展現同樣的頻率跟我們互動。「相信」指的是在這樣的基礎下建立起來的關係，因為彼此都在相同的頻率裡，所以相互給出我們內在的信任。而我們內在沒有足夠的信任時，可以從遇到事情有變化時你的真實反應上得知。

你的判斷和推論，你的選擇和決定，都能示現出內在信任的真相；你選擇的就是你所信任的，不管你信任的是什麼，信任都能將你和你所選擇的現實，緊緊地連結在一起。信任，能扭轉現實，在你堅強的信念底下，沒有成就不了的事！

我們一路探索著自己的內在，同時也從外在的關係中尋找自己。而我們跟自己的關係，是否也會投射在與他人的關係上呢？為什麼我的親密關係總是問題層出不窮，剪不斷理還亂？這是因為，我跟自己的關係反應在現實生活中所投射出來的嗎？在對等關係之中，最容易看到真面目。

在爭個你死我活的配偶關係中，大多數人不會用這個角度來解讀，甚至不會接受對

＊信任的根源來自於內在，我們內在具備信任，是因為我們跟自己的關係足夠緊密，那麼吸引和接觸到的人，也會展現同樣的頻率跟我們互動。

方是自己的另一面。生命中刻骨銘心的關係得來不易，通常必須建立在深度糾纏的層次，才能經歷到，什麼是刻骨銘心的情感。在這種關係下，要共同經歷的過程必定不少，而且這種關係裡面深藏著靈魂的約定，是為了協助對方提升，經由外在的關係，映照出我們跟自己的關係。這是門學問，需要認真地學習。

曾有人問我：「為什麼老是被自己相信的人傷害？」我想，遇到這樣的事情，沒有人會願意接受，那種由衷產生的背叛感，深深地重擊著你的心，一次又一次在心裡問自己：為什麼？或許這會折磨著你好長一段時間，甚至長達好幾年。

第一次肯定最痛苦，再來一次舊傷口上被灑鹽，心可能會緊緊地被封住，再也不敢相信人了。試想看看：這樣的事情不只一次發生在你身上，這裡面隱藏著什麼？是還不完、斬不斷的業力？還是自己的問題？難道相信人是不對的嗎？為什麼付出真心的最後，總是被傷害？是我看起來太笨嗎？

這是我能想到的心裡 OS。當內心受到背叛的傷害，或許要花很多時間療癒，才能再一次願意把心打開，在痊癒之前所承受的苦，是他人無法理解的。我也曾經歷過這樣的事情，還不只一次。可是現在我明白了一個真相：沒有真正可以信任的人，是很痛苦的事。心裡的話沒有人訴說，沒有可以真心討論的對象，遇到事情只能自己一個人承擔；久而久之，內心無法真正跟人交流；長期下來，自己跟人斷了連結的後果，心靈的枯竭和虛弱無力，讓人遇到一點點小事就累倒。想要堅強起來，卻一點力量也沒有；想要把手伸出去，那種椎心之痛的記憶就會再度浮現，於是又退回原點。

不能跟他人產生連結，所導致的負面影響非常的大，嚴重到會破壞了人際關係、身體健康、工作、事業、家庭和未來。傷害，是存在的嗎？我在經歷了一段期間之後，情緒隨著時間的拉長而變淡時，有了轉念的空間和機會，才開始願意用其他的角度來看，也願意放下心中的憤怒與怨懟，給自己一些可能性去脫離舊傷痕。這樣做的原因，是認知到自己內心的枯竭，那是一種痛。

不能與人真心交流，活在虛假的面具底下，即使作回自己，也得不到任何回應，愈來愈感覺到，自己像是活在充滿人的死城中；也覺得大多數人是自私的，更認為大部分的人都是想要傷害別人的，我會受傷是因為不知道保護自己，這個事件的禮物是在教我學會保持距離，不要太快把真心給出去，要懂得維持安全界限……這是一個我曾找到的答案。時間久了，這個想法並沒有讓我變得快樂；在保持距離的心態下，我沒有真心的朋友，也沒有可以談心事的對象。

於是有一天，我突然意識到，之前自己對這些事的解讀並不完整，或許還有我沒有收到的禮物和啟示在裡面。所以我開始問自己：人生中所經歷到的事件，如果會讓我失去廣度和力量，那麼生命的價值與意義不就受限了嗎？重新回頭去看那些事情，練習用不同的角度和立場去試想，換位思考、設身處地的看。

這個觀念我很早就知道，可是在當時做不到，觀念只是儲存在我頭腦裡的知識而已；現在我願意去嘗試，代表我準備好了，可以從過去的事件裡找到智慧，事件從傷害變成禮物。在我還沒重新找到新的視角之前，已經在心態上走進療癒的道路。

如果我是對方，可能也會做同樣的選擇和決定；如果我是那樣的立場，或許會做的不只如此。那樣的角色和立場，我自己是否也曾有過？假如沒有，那麼能怎麼想，才能在心裡放下仇恨？仇恨是不好的能量，因為那件事，我把這種有毒素的能量放在自己身上，沒有足夠的勇氣面對那個人，也沒有勇氣去找到事情的真相，於是我只能放在心裡自己傷自己，放的時間愈久，我所受的傷愈深。那麼是哪件事、哪個人在傷害我，還是我的個性把自己傷得更深？

不需要去把對方想成好人，也不至於要把自己想成可憐又可卑的弱者，任憑這樣的事情長期摧殘著自己，不時地還要把傷口的疤撕開提醒自己，就是不想讓傷口痊癒……原來，我是這樣在迫害著自己。過了那麼久，我仍記掛著這些事、這些人，放不開自己討厭的人事物，說穿了，是我自己允許的，讓我的想法、判斷、評價攻擊著自己的心。

啊！這就是不懂得愛自己！

我從知識走到真理，花了好長的時間，這份禮物得來不易。謝謝有過去那些事情成為我的素材，如果沒有發生那些事，可能我頭腦裡知道的寬恕、體諒和接納，都只是知道而已；在我能做到之後，才明白了「感恩」的真理。

一直對自己不滿意，反應在現實生活上是如何呢？

我們的內心跟外在世界發生的事情，存在著一種微妙的關係，沒有經過學習和事情反覆重演，我可能不會去在意，也不會當一回事，只有足夠的力道讓我感覺到痛了，我那種不痛不癢的性格才會去正視這個問題。不經一番寒徹骨，哪得梅花撲鼻香，在我經歷了那麼些事後，才體會到，這兩句話把人性描述的好具體貼切。

對自己不滿意的人比我想像得多，總是羨慕著別人，想追求更好的生活。表面看起來很合理正常，但再更深入去看的時候，會發現：對自己不滿意的人在追求自己想要的生活時，常常會得到反效果，並且事倍功半。

這裡面隱藏著矛盾的能量相互拉扯，一邊努力一邊消耗，覺得自己付出很多，卻又同時覺得自己不夠好，總是得不到想要的結果，於是又更努力的付出；這樣不斷地重覆，花了比別人多一倍以上的時間、精力、金錢，結果卻還是不滿意。這樣不斷內耗的惡性循環，不管擁有再多，最後的答案都會落在「對自己不滿意」的結果上。

另一方面，反應在關係上時，你把對自己的期望轉移出去，不能確定自己這樣的努力是否值得，特別是對未來沒把握的內心，想從他人的肯定中找到那份確定，期望他人

＊對自己不滿意的人在追求自己想要的生活時，
常常會得到反效果，並且事倍功半。

的確定，證明自己的存在價值。在付出的動機裡隱藏著心裡的期待，一旦這個人作出你期望外的行為，經過你的解讀之後，這個行為就成了傷害！

人都一定會有自己看不到的面向，所以需要在每個發生的事件裡學習，在下判斷之前，先找這件事裡隱藏的訊息，練習讓發生在面前的事物都成為禮物，不被事件表面的樣子嚇到，看進去事情的裡面。或許在華麗的包裝紙底下，有著樸實不假的智慧，過程再怎麼折騰，最後都要以正面收場，讓自己經由這些事情變得更茁壯堅強；寶貴的人生經驗能粹煉出強大的內在力量，才能讓我們在面對各種挑戰時，不容易被擊倒。

身心靈的領域探索並不是我的興趣嗜好，也不是我的終生志業，更沒有想成為心靈老師的心願，在過去十幾年的歲月裡，它是我的粹煉與學習的科目。業力劇本的設定安排也好，是我自己的創造也好，這一路走來的心得，鍛鍊我可以用更高的視角和位置來看事情，在經驗裡找到禮物與啟示，細細品味事情的起承轉合，沒有得到對自己有幫助的禮物之前，絕不輕易地讓事情結束。

不管遇到什麼事，我的第一個動作都是回到自己的裡面找，找答案、找原因、找未知、找禮物、找新的自己、找舊的思惟……進入我自己的內在，看到內在運作的模式、對事情發生時的反應，情緒、心態、解讀、判斷……這些在我裡面上演的種種劇碼，心裡反覆出現的台詞，都是我所採取的行動。不急著表態，不趕著做決定，不強求或用力，看著自己心裡和頭腦裡出現的所有反應和念頭，逐一做記錄。只要還沒出現讓我豁然開朗的答案之前，我仍然有牽掛，仍然存在著負面和恐懼，我就不會下決定。對我而言，這是真實的修練，沒有在課堂裡，沒有在書本裡，在生活裡！

十幾年前，我是個很會胡思亂想、很多負面想法、很多攻擊性情緒的人，有很多讓人卻步的行為舉止。那時候的我又驕傲又自負，恃寵而驕的生長環境，造就出自以為是的我。為了要修整那份銳氣，數度跌落測試，我才看到自己內在那麼堅毅的本質，在看似單純（其實是理直氣壯）的個性下，我靈活又善辯的口才還真是發揮得淋漓盡致。所以，我在回到自己內在的道路上，真的是走得精采萬分。

雖然我沒把握自己能否同理大多數人，但分享自己如何轉變、如何面對、如何成長……在已經提過好幾次自己的故事裡，我一路的觀察學習，發現每個人的內在，都有無窮無盡的寶藏可以被開採出來，就希望能讓更多人經驗到我所探索出來的世界。

☆ 落實，也需要學習

學習新知是從小到大必經的過程。在人生過程中，學習和落實的比例，可能從沒人去衡量過。人生的價值除了見多識廣和博學多聞外，最重要的成就落在一個共同的指標上：實踐！

理論需要透過經驗的印證，經驗需要整理成知識供人學習傳承。資訊處處可得的文明社會，全球無國界的交流，讓人們輕而易舉地就可以取得相關知識；網際網路打開了人類另一個頻率的世界，將「無遠弗界」從想像化為現實。這對古人來說，只有在不可思議的天堂才能做到的事，卻在時代演進下，人人都可以體驗到。

如果把這種現象當成一種揭露：從我們生活中習以為常的樣貌，就能得知宇宙的進化計畫；在邁向高度進化的文明社會，有某些要素必定會存在，即是透過網路傳遞訊息；網路從現今的 4G、5G，也會進化到更高振動的技術。在不久的未來，我們不熟悉的心電感應，將會像現今人人都習慣應用的網際網路般，延伸地更深更廣。

在這樣的文明社會來臨前，可能多數人不會想到，自己跟這個未來之間，即將要有什麼轉變。在全球大量參與身心靈學習的狂熱裡，另外從量子物理學的研究中，發現了人的意識和物質現實的關聯性，所有即時的資訊，快速傳遞到世界的每個角落，終將完全推翻人類對生命舊有的理解和認知。

在高度進化的文明社會裡，人們都過著什麼樣的生活？我們或許能從食衣住行育樂的生活層面去想像。除此之外，高度進化的人們的內在品質跟現在的人比起來，會有何不同？如果人人都能心電感應，那麼看看現在的我們，還有多少隱藏真實自我的面具？面對跟自己權益有關的事物，是否能以全體為考量，不會只在乎自己的得失？在關係上，以真誠為基礎而建立，不再有利益交換關係……

我相信絕對有不少人渴望真誠的關係、和諧的社會、公平的制度分配，沒有衝突和競爭，勾心鬥角和恐懼擔憂不再控制著人心。如果這是高度進化的文明社會現象，那麼我們是否有資格身為其中的一員？問問我們自己吧！唯有大多數人具備那樣的內在品質，渴望中的社會才會誕生，而不是那樣的社會出現時，你依然是現在的你，沒有覺知地活在自私又自我的世界裡。可想而知，在渴望和現實之中，我們仍有很多地方需要學習，而落實即是重要的橋樑。

在知識的層面，資訊取得已不是難事，「分享」更成為社會的主流風氣，連同他人的經驗分享也相當容易獲得，所以用自己的方式體驗實證，將重建社會新的價值觀。

博學多聞已不夠了，實踐才是真正的能力。當人人都在做這件事情時，你有多少創意可以發展出與眾不同的過程和路徑？你能落實多少，累積出讓人產生渴望的經驗？當引領著人們在經驗你的創造時，靈魂也同時獲得提升，達致由內而外整體的滿足和喜悅，這會是邁向未來高度進化文明社會的必經之路。

靠著幸運成功的人，可能不知道自己是怎麼做到的，就是因為運氣不錯。要把自己

＊博學多聞已不夠了，實踐才是真正的能力。

的未來寄託在幸運上嗎？我相信人們一定會想：「這可能嗎？」「有可能那麼幸運嗎？」我還是面對現實吧，腳踏實地的做，或許還比較有把握一點。

沒有幸運可依靠，卻又希望幸運來敲門。有沒有可能，幸運一直跟我們在一起呢？要是有，那要怎麼做？

從開始用創造的法則生活，幸運就從我的世界消失，因為再也沒有機運能讓我選擇，更不會有突如其來的 Lucky 來敲門……啊！這樣不是很……糟糕嗎？

不會，相反的，我的世界裡不再需要機率了，只剩下確定和絕對；我的選擇除了在創造之初，剩下的只是顯現。所以「幸運」是他人的需求，也是他人對我的理解與描述；對創造的人來說，如果還對自己的創造抱著機運的態度，那麼就表示，內在的信任是不足的。

答案出來了。方法就是：學會創造的法則。當你學會應用創造的法則，幸運就不是機率的問題，而是必然的發生。對另一個世界的人來說，使用創造能力的人，一直是被神所眷顧的，所有想像得到或是想像不到的好事和奇蹟，都會發生在他身上；也有人會說，這是上輩子累積的福報……不管答案是什麼，對創造者和被創造者來說，前者是主人，後者則是被主人決定的，就像神和神的子民。

創造的法則並不是頭腦裡的知識，是完完全全在執行的層次，所以只是知道這些知

＊當你學會應用創造的法則，幸運就不是機率的問題，而是必然的發生。

識的人，已經多的數不清了，重點在於「落實」，有能力落實的人，才有辦法成為真正的創造者。這時候重要的關鍵來了：要落實就必須要有方法，甚至還要有工具的輔助。教導創造法則的人要有足夠的真實例子來印證，不能只是光說不練地，告訴你一大堆來自更高層次的訊息；要有強烈的意圖，想要真實體驗到的渴望，你會不斷地為這個經驗心動，一次又一次被心動提醒著，創意和靈感才會被激發，然後以直覺的方式傳送給你。

當然之前我們已經提到很多關於創造者要有的內在品質，這裡就不再重覆解說。創造者高度的覺知力，能清楚地收到直覺帶來的訊息內容，經由書寫把步驟記錄下來，然後在生活中照著步驟一步一步落實，就能用自己意想不到的途徑和方式實現，完成目標。

所以，落實是需要學習的，很多學習計畫要把落實也增列進來，這樣才能擺脫頭腦的控制，活出由心的力量所創造出來的世界。人的頭腦無法判斷真假，只有「心」才有這樣的能力。

為什麼在人類世界中，有人付出龐大的代價後，才發現自己被騙了？在這樣的事件背後，回答了真實的價值。這是真的嗎？這真的有效嗎？這樣做真的可以得到我要的結果嗎？人們對「真實」的渴望有多深，可以從社會事件中看到答案，舉不完的例子貫穿古今。

你是否也曾付出代價，追求過真相和真心呢？知道和做到就像幻象和實相一樣，光是滿足在頭腦求知欲的層面，好比迷失在甜言蜜語裡的戀人，看不清真實的那一面，只是在想像中而已。

真實躲藏在哪裡？我們依靠什麼來尋找？是直覺還是邏輯判斷？真相跟真實又有什麼不同？真相或許可以尋找，真實卻只存在心裡。人們迫切地渴望會在真實的面前止步，就算真相呈現眼前，人們也會有種無法放下的執著，可是卻會在真實面前獲得靈魂的自由。

創造的第一個法則就是**真實**，真實是不需要理由的，就像你喜歡某個人或某樣東西，是非常單純的心態。為什麼真實是第一個法則？因為沒有在真實裡，人們就會利用創造的法則控制他人和世界。在真實裡，意圖才能單純，不會有個人的私心和欲望，少了預設，多了信任。

在創造的第二個法則裡，因為**信任**，就沒有恐懼，防備、控制和攻擊也不會存在。到第三個法則，連情感的元素也都會被熱忱取代，單純的去做，單純的去**執行**。這是成為創造者要具備的內在品質，屬於關鍵的基礎。

保持有意識的覺知（明晰），運用書寫跟內在的高意識頻率連結（溝通），無時無刻保持在這樣的狀態，才能一個階段又一個階段地完成目標，將創造力落實在生活中（完成）。這是在創造過程中的內在運作模式，屬於創造者要具備的能力。

＊創造的第一個法則就是真實，真實是不需要理由的，就像你喜歡某個人或某樣東西，是非常單純的心態。

【人類新操作系統】裡的書寫和放目標，是落實「祈禱」和「睡眠編程」這兩個創造法則的方法。經由每天書寫記錄，找到需要改變的地方，以文字當成目標，睡前躺在床上讓心靜下來，閉上眼睛，在腦海裡想著目標文字，帶著明天目標就會實現的心情入睡（很多人在看到第一本書之後，以為在前額葉放目標，是把文字寫下來，然後睡前貼在額頭上）。

前面提到創造的第一個法則，「真實」是單純的心態，而不是：想著目標實現，就會解決了現實的問題。相信我，當你這樣做，你的問題會變的更大，因為這裡面有你的恐懼，你在放目標的時候，連同恐懼的意識能量也一起放進去創造了。

創造，對高度進化文明社會來說，是相當重要的構成要素；當創造是以解決問題為出發點，那麼就不是創造了，因為帶著某種意圖和目的，會強化了那個實相。假如你渴望另一種可能性，首先你就必須把目前的情況從心裡面去做轉變，把你想要的結果當成真的，而現在則是虛假的；只有這樣，你才能從心裡面把力量轉移出來，失去力量支持的舊現實會自動崩塌，特別是，當你再把力量投入到新現實時，這崩塌的速度會更快。

如果沒有這樣做，你的創造會因為舊現實的種種限制，而導致問題創造問題，處理了這一個，又產生另一個沒有想到的問題，於是愈來愈複雜，你跟舊現實的糾纏變得更深，而無法自拔。很多人太認真於舊有的現實，所以練習創造法則的初期，會有一段時間的考驗，這個時間的長短因人而異，如果有經驗的前輩帶領，可以縮短這個過程。

創造，是個需要腳踏實地去做的學習，這是用真實經驗取代舊信念的旅程，沒有實際的執行，創造只是空談想法和觀點的想像而已。信念是由信任和經驗總合累積起來的力量，能將想像和現實緊緊串連在一起的接著劑，不管那是你的夢想，還是恐懼。

☆從文字裡看到智慧的長相

印證和落實，一直是我對學習的態度。有一種學習可以增加知識；有一種學習能帶來能力和專業；還有一種學習，就是落實。從知識到落實的過程，是發揮創造力最棒的階段。結果是一開始創造時就已經確定好的目標，重點在於過程，如何跳脫大多數人的模式，創造出另一種可能到達的途徑，才是令人感到興奮之處。

所以我最喜歡的學習是「落實」。很多有道理的話，如果沒有從實際的經驗上來印證，那麼道理永遠只能停留在腦海裡，既不能成為靈魂的一部分，更不可能成為未來人生重要的信念。所以無論知道了什麼，我都渴望能實際體驗到，我只相信經驗，在經驗中印證我對生命的理解和領悟。經驗是真理的道路，口耳相傳的經驗只是一種參考，當我們真正走在那個經驗裡，真理才會由內而外地通透到底。

十幾年教學歷程中，完整無誤地傳達出自己想表達的內容，是一種鍛鍊。我在分享經驗的過程中快速地成長，書寫是我一開始就習慣使用的工具。從書寫裡可以發現的寶藏就像黃金屋，智慧從抽象的理解變成眼中可見到的文字；從文字裡看到智慧的長相，往往會帶來很深的感動，讓自己真實地碰觸到，而不是往外面去學習或追尋。

落筆，的確是種小挑戰：不知道寫什麼？不知道怎麼寫？筆拿起來一片空白……

我們來看看，一個筆拿起來開始寫的人，都寫了些什麼？

做了一個驚人的夢，夢裡回了南勢角的家。

起初還開心著，但後來發現燈光昏黃，照明甚至會忽然熄滅，想著要把燈全部換新。地上擺滿一包包舊物雜物，沒有整理，朋友甚至把舊衣服當伴手禮送我，新家裡連走路都困難。

我討厭那個空間，甚至到書房的椅子上偷尿尿。抬頭一看，空間全是別人的獎狀獎牌，怎麼會在我的新家呢？

但回到那個家，好似是老靈魂家族的基地，到外面走路有風、迎接著別人尊敬的眼光，內心是非常厭惡那個空間的。

＊當我們真正走在「經驗」裡，真理才會由內而外地通透到底。

知道夢境在呈現我近期量子場的混亂，只是真看見亂成這樣，有嚇到，然後浮現另一個驚嚇的目標：重整量子場。

那，我又是怎麼放任自己回到一團的混亂中？

這種情況就是向內在的自己提問。下面就是自動書寫出來的回答，我們稱這個為高我，也就是高意識頻率的自己。雖然有人稱之為神或高靈、上主、指導靈……但不管是什麼，對系統的學習者來說，都是內在的智慧。

或許有人會懷疑：這是自己寫的嗎？這是自己的高我嗎？這是神嗎？這是智慧嗎？我知道對於沒有經驗過的人來說，這是不可思議、無法想像的事情。重點是，擺在眼前的內容就是你自己的內在，沒有人能寫出不是自己的東西，也沒有人能長期都用別人的思想，在你筆下的文字，就是最真實的樣貌。我們繼續看下去。

你所到的，不是以前的混亂，一旦離開就無法回到原點，現在呈現的是更細緻的自己，你容易忽略而缺乏關注。看見真實的狀態是好事，表示你有轉化蛻變的契機。我願意成為更好的自己，是唯一一把鑰匙。

書寫可以放慢思想的速度，讓天馬行空的思緒和無意識的創造停止。你以為你寫夠了，

＊向內在的自己提問，自動書寫出來的回答，我們稱這個為高我，也就是高意識頻率的自己。

其實沒有「夠了」，更細微細緻的看見必須透過書寫呈現，然後你真實勇敢地回頭來閱讀，你便會看見真實的自己。

對於冒出來的目標，你加了太多能量，「驚人，驚嚇」，那放目標的結果就會加入這樣的感受，但其實就只是讓生活變好的目標。這些感受、讚嘆或害怕只是增加了戲劇化的效果，滿足人性的需要而已。

這是學員自動書寫出來的內容。在一來一往間的互動，是真實存在的。自言自語，自問自答，不是神經病，也不是瘋子，更不是幻想或是妄想症，因為這種在頭腦裡的思考模式一直都存在，而且每個人也都這樣在使用，只是沒有人把這過程寫下來而已。

二十一天的鍛鍊才開始，內在就抗拒著不想書寫。怕什麼？怕被人看見自己的真實。懶得每天書寫，但又渴望著二十一天後的蛻變。原來自己內在對於真實表達分享，有這麼多的限制！能看見是好事，採取行動就超越了。

每一個人都有獨特的思考模式和邏輯。有在修練的人，能在覺知的狀況下面對生活的起起伏伏；相較於修練之外的人，人生粹煉的痛苦指數會比修練的人更高些，因為不知道自己為什麼要經歷這些事，為什麼人生總有那麼多挑戰和困難，為什麼事情就不能順利一點……這是沒有修練的人會有的觀點。並不是修練的人就不會有這些心情或想法，而是因為修練的人看待人生有另一種不同的選擇。

⊙人人追求的成就、幸福、健康，真的能藉由心靈的成長提升而實現嗎？

這是我曾有過的懷疑。當自己在經歷了五年的心靈探索與學習後，在二〇一一年量子跳躍之前，我從原有的身心靈組織離開，拋開所有跟著我的學員們，獨自踏上一段完全未知的道路，我不清楚未來即將要經歷到什麼？

我想大部分人或多或少都曾有過類似的心境或遭遇：突然生活發生了變化，在本來計畫好的人生中，出現了預期外的事件，可能是自己的內心想要改變所導致，也可能是發生某件事而被迫不得不改變。不管是什麼原因，總之，一個事實在眼前，到了人生重要的轉捩點了。

大約在三十四或三十五歲左右吧，我從一般的上班族轉換到心靈的道路上，也許在父親過世時，我的意念種下了這個種子。以現在的我來看過去發生的每個轉變，就更能體會到，人與人之間的緣分，是早在我們知道之前就已經約定好了的，而且通常在第一眼見到對方時，內心深處就有一份知曉。

「知曉」，Knowing，沒有原因，也沒有理由，就是知道，這樣的一個感覺，相當直接。只是大部分人沒有把注意力放在內心深處的反應上，而且我們的教育也沒有針對內在去做教導，所以沒有人了解自己的內在。從小到大，全都是在人生經驗中自我摸索和調整，沒有一個準則和方式來讓我們了解內在和外在的關係，當然有關「知曉」是什麼、所具備的力量有多大，通通是一片空白！

我從很多學員身上看到一個現象：人們心中追求或渴望的生活，其實很空洞，甚至很不具體。多數都是被外界刺激，在琳瑯滿目的誘惑世界裡，無法逃避、時時刻刻被行銷的攻擊，有了這個，少了那個，有了那個，缺了某個……比過來、比過去，愈努力心靈愈空虛，要求不完的物質擁有，用盡一輩子的力量在填補。

⊙換個角度和方向想，重新選擇看待自己和生活，人生就會有很大的收穫。

要落實這句話並不容易，雖然上過很多課，可是在遇到事情的時候，怎麼想就是想不出另一條路。有人說這是執著，有人說要堅持，不知道該怎麼做……我也不想要這樣折磨自己，我也想要好好的過生活，我也知道不要鑽牛角尖，這些我都知道，可是為什麼就是做不到？

找不到其他的途徑，生活還是一如往常，得過且過；沒有改變，日子也不會更差，所以就這樣子吧！有機會上課的話，就再找找其他的方法；要是沒有，日子還是要過下去。這是大多數人的選擇，也是大多數人的心聲。除非事情嚴重到會摧毀了現有的生活，否則再爛的日子，也比不知道怎麼過下去好。

從心靈的角度來判讀，有幾種可能性：

- **時機未到，等到情況嚴重了，才會有更強烈想要改變的動機和意圖。**也就是說，這樣的心態表示還沒有準備好要改變。
- **只想改變別人，不想改變自己。**所以學的愈多，知道的愈多，自己卻愈難改變，關鍵點是知識變成了障礙，什麼都知道，就是不知道真正的自己是什麼人。
- **成長速度緩慢，有在改變，可是力量不足，遇到阻礙很容易回到原點。**沒有足夠的勇氣前進，總是認為自己不夠好，沒有自信，任憑生活中大大小小的事情不斷摧殘著身心，也還是甘願合理化自己的人生，用業力因果之類的藉口來拖延面對的時機。

・**道聽塗說，容易陷入別人的判讀裡，沒有自己的想法。**一樣是內在力量不足，比較嚴重的是，還會把自己的力量給別人，讓他人來決定自己的未來。

心靈的提升必須從生活的困境中粹煉，這樣內在力量才能提升上來，而能堅強的面對人生的考驗。如果不斷學習之後，一直在依靠心靈團體來餵養內在空洞匱乏的靈魂，無法用自己的力量突破現狀、改變現實，那麼，所有在心靈的學習都只是情感轉移的機制。所以這樣的人是無法運用心靈成長獲得幸福、快樂、健康和成功的。

有另一個書寫的案例，在他的書寫內容裡，是從生活描述性的自我對話開始的：

昨天發生了兩件事：

1. 與太太口角，原因是我一直希望她可以到工廠半天。而只要提出，她就會全力反擊。

2. 有組布染色異常，客戶不接受，若無法如期重新染出，得用空運增加運費。

1. 事件中我看到的是：真正使我有情緒的是我的想法。當晚上情緒平靜後，在車上我問了太太：當我提出我很累需要協助時，她是不是認為我在責備她？她說對。我再問了：為什麼我提出需要協助，她會認為我在責備她？她沒回答。

2. 事件整個過程處於焦慮中，必須一直提醒自己要面對，要處理，要相信。

1. 今天太太去工廠半天了。
2. 事件有了轉機，染廠非常配合地處理。
3. 剛剛 Line 又傳來異常，這次只焦慮了幾分鐘就平靜了。

我：高我，你講的「控制」和我想的不一樣喔～

高：你看到了！

我：你怎麼不明說呢？

高：我直接說，「期望」在某層面是一種控制，「希望」也是，你會怎麼想？所以我也說放手。

我：那豈不是不要期望，不要希望！那我怎麼進步、前進？

高：享受當下帶來的一切。當「期望」、「希望」出現時，再向內走一步，看看你在裡面放了什麼。然後再向內走一步，看你真正要的是什麼。

我：我之所以看到，是因為我的期望或希望是想，人事物的發生如我想要的，而這就是控制。

高：對，放手，信任，交出去，你就不需「期望」、「希望」。當「渴望」出現時，你就知道了。

我：了解。

每一個人落實的方式不同，學習之後，回到生活中應用是很重要的，若是離開教室之後就回到原來的自己，這樣的學習只是在滿足頭腦裡的欲求，真正想要改變的意圖是相當薄弱的。只有在絕境中為了求生存的人，才能義無反顧地往前進，沒有回頭的機會，表面看起來很淒慘，事實上生命的光正要被點亮，靈魂的價值正要施展出來，這是最神聖的時刻。

沒有人想要經歷到大災大難，從我那麼多年的經驗得知，不變的事實卻是：人性需要重大的挑戰才會改變。沒有人喜歡離開舒適區，也沒有人喜歡變動，當每一刻都能在掌控中聽話順行，人性就會自動判定為快樂、幸運、成功。沒有在預期中產生的狀況，先不管好的壞的，第一個反應出來的都是負面的；有人很快就能跳開，有人則深陷在無法掌控的痛苦之中，即使事情已經過了，情緒還一直在作用。

上面這個書寫的案例裡，很具體的就是應用在日常生活之中。這是個很有慧根的學習者，課堂上的反應也很熱絡，是跟著妻子一起來學習的，課後的書寫輔導也都有把作業完成。於是很快地，我就從他的動態裡看到巨大的轉變，全新的生活模式展開。

愈痛苦的人生際遇，能帶來的轉變就會愈大，就算是處於被迫的情況下所做的改變，最終還是要接受。當絕境出現，就表示，另一個新世界的門正在向你打開。走頭無路是在告訴你：這個世界沒有你的容身之處了，這並非指你失敗了。

離開舊有的現實，一定會有新的現實迎接，就看你如何看待這件事。

⊙絕境，指的不只是現實，還包括內心。

第一次量子跳躍時，我的內心深處感知到，現有的自己即將結束。但是因為沒有經歷過這樣的事情，所以我選擇用告別娑婆的心態，一一跟自己的家人、親友做最後的道別，把身後事做好準備，也把自己所有的衣物珍藏都送人，家裡來了一群又一群的學生們，分批把我的衣物帶走。

那時的我就抱著像把祝福（服）送出去的心情。因為曾做過一個夢，夢中過世的奶奶把她很喜歡的一件手工縫製的外套交給我，醒來之後，我覺得是奶奶對我的祝福。於是在我的心中，衣服就像是祝福，就像人們說的佛要金裝、人要衣裝的意思，把衣服送

＊當絕境出現，就表示，另一個新世界的門正在向你打開。

給喜歡的人，就像把心中的祝福送給那個人一樣。之後每經歷一次跳躍，我就會做同樣的事，把自己當時所有的衣物送人。

在經歷「量子跳躍」之前，我完全不懂這個名詞說的是什麼。直到二〇一一年三月九日下午，我在意識清醒的狀態下，身體經過一陣天旋地轉，飛速地在類似通道般遍布藍色網狀格線中前進，耳邊的手機那頭說話聲仍在繼續，行動電話的體積卻只剩下綠豆般大小，話筒的聲音變得像擴音一樣大……那是我第一次經歷到的神祕經驗。之後我的生活就真的像跳躍一樣，巨大的轉變和躍進，一年就像十年那樣；像光速般飛快累積過去至少要十年以上才能做到的成果，我在一年就完成了。

這是我的印證。會有這個經驗發生，是來自於我的心和現實都走到了絕境，也可以說是完全的絕望。就在那樣的情況下，我心中對生命仍抱持著信任的態度，放下了特定結局的執著，擺脫了好壞選擇的頭腦干擾，丟下人間情感的包袱，我把自己當成即將離世的人來處理。說真的，當時的我真的以為自己會離開這個世界。

事實上，我真的離開了，離開舊有的意識，離開舊有的現實，放開了心中的恐懼和牽掛，我以頻率共振的方式穿越了蟲洞，跳躍到另一個平行的空間。在這個量子跳躍的經驗裡，我印證了平行世界、蟲洞和分子化結構。

有了這個經驗之後，我懂得了人們為什麼會有起起伏伏的人生劇本，這是為了要讓我們從一個次元的盡頭跳到另一個次元的起點。生和死，只不過是一道門，在清醒和不清醒間的分界，有意識和無意識的選擇下，生命會有不同的出路和發展。

舉例來說，堅持和執著像是兩個反方向的箭頭，一個飛向未來，一個衝向過去。夢想是未來，在我還沒實現之前，堅持是我需要選擇的態度；放不下過去發生的種種，用未來的歲月當代價，用盡一生的力氣想改變過去，這是執著。舊有的執著會牽制住夢想，甚至用夢想包裝著執著的假象，直到放下的那一刻，生命才有了另一種可能。

面對絕境，放下了，想開了，不再抱著任何期待，心中只剩下一個信念：我願意信任生命的帶領到達彼岸，絕境會為我們帶來禮物，不可能再壞下去了，只會有更美好的未來。這是我所相信的，也是我選擇的信念。

想要改變現狀，想要擁有理想的生活，想要實現夢想，想要安定美好的人生……是人人都會有的念頭。在現實中努力奮鬥，最終的結果如果是你想要的，那麼過程中再怎麼辛苦也會覺的值得。信念跟你的未來牽連在一起，當你的心裡出現害怕、擔憂、恐懼的念頭時，你所相信的就會成為現實。

這是你的心靈跟現實之間的關係。沒有碰觸到心靈領域，不清楚心靈是如何影響著現實中的一切。當我們靜下來思索，看看人世間所有的痛苦，最難解決的就是「心」，事情有可能都已經過去很久了，人的心卻還一直守著那個記憶，不願意放下。

*堅持：還沒實現夢想之前需要選擇的態度。
*執著：放不下過去發生的種種，用未來的歲月當代價，用盡一生的力氣想改變過去。
*舊有的執著會牽制住夢想，甚至用夢想包裝著執著的假象，直到放下的那一刻，生命才有了另一種可能。

看到大家都開始寫了，發現自己有鴕鳥心態！對於書寫的抗拒還是存在。

最近很忙，因為之前找事把自己的時間塞滿，彷彿不這樣做會感到恐慌，可是現在要付出代價了。臨時接的演講原本讓我很開心，因為有機會可以展現自己，與大家分享，而且有收入。結果卻因為自己一直覺得自己不夠好，死命地找一堆書閱讀，並把書的內容整理放入ppt內。為了準備六小時的課，花上三至四個星期準備，晚上弄到兩、三點，還是覺得內容不夠好，自己懂得不夠多。加上學校還有其他課在進行，期中考的考卷兩百多份要改，內在小孩不開心，我脾氣也變超不好的。

時間不夠用，好後悔自己當初接下課程邀請，卻很矛盾。因為希望有更多人有更多舞台可以展現自己所知的，可以分享出去，可是自己內在的匱乏感、不足、不夠好卻一直折磨我，讓我痛苦。我顯然知道，看到了，卻不知如何把這個放掉。

現在內在感覺很焦急急躁，寫到這，要買一本專門寫書寫的筆記本，才不會一張張的到時找不到。

這真是一件很奇怪的事，沒有紙筆的時候，在走路時，腦袋內很多小聲音；可是當拿起筆時會一片空白，不知要寫什麼。

老師說，書寫方式是記錄我用心去感受自己與世界互動時心所產生出來的狀態。最重要的是我要體會到什麼情境與狀態。看到這些，我的腦卡住了，腦想去分析了解這句話的意思，可是有點當機了。是因為最近睡眠不足的原因嗎？

說到睡眠不足，我也感覺自己很奇怪：就一定要如此對我自己嗎？非要弄到兩、三點不可嗎？然後白天精神不佳。這些內在的焦躁感到底是從哪裡來的？為什麼我一直有這些感覺跑出來？而且最近內在很混亂，越混亂我越是對自己不好，不讓自己休息，我到底怎麼了？為什麼這樣對待我自己？不願意放過自己？是不是如同Asta說的，我就如此恨我自己？如果是，又是為什麼呢？是不是因為感覺自己過去犯了過錯，一直不願意原諒自己，在潛意識中用這些在懲罰我自己？又或是對現況的不滿，感覺恐慌和無力感，不知怎樣才能改變現況，感覺自己被綁住綁死，動彈不得？

內在是有怨的，並且覺得悲傷，卻一直把這些情緒壓下，讓自己彷彿很忙、很混亂。我只需要把自己的精力耗在外面的這些忙亂中，就可以不去面對自己內在真正的感受。那些一顆顆現出來就被我強力壓制住的情緒，為什麼不讓它們發洩出來呢？

腦子變空白了，右腦下方有微微脹痛不舒服的感覺，可能用眼過度，右眼也有點不舒服。怕會情緒一發不可收拾，怕失控。失控了會怎樣？會讓別人感覺我很奇怪吧！感覺我怎會失控？對現在的生活感覺壓力很大，又有厭倦感，感覺很累卻又無法休息，是自己造成的。

書寫的世界裡，有人願意面對，有人願意深入探索，有人選擇交作業……各式各樣的反應。輔導者經由書寫內容看出學員的處境，給出不同的思惟和見解，幫助他從想法、念頭的迴圈中走出來，提供更高的視野，讓個案從事件中找到舊有的信念，從現實中看見，潛在的意識如何控制著他的人生。把這裡面打開，還有禮物和智慧。

當一個人用思想把自己困住，每天把自己操得半死的，不是外面的事務繁忙，而是內在的心思過度複雜，困住自己，也綁住未來。想要有更大的成就，如果沒有從層層纏繞的慣性思惟裡脫離，卻耗費一輩子的精力在跟自己對抗，最後就會把自己打敗了！

☆現實中的一切都跟心靈息息相關

物質世界的基礎是由意識所建構出來的，而心則是顯現這一切的力量。

今天走在台北的街道上，觀察自己的呼吸，觀察自己的行為與念頭，想著淩晨有人在夢中告訴我：「你的心內就是外在的一切，你的一切就在外在的一切。」還一直在夢

＊當一個人用自己的思想把自己困住，每天把自己操得半死的，不是外面的事務繁忙，而是內在的心思過度複雜，困住自己，也綁住未來。

裡讓我看到「6」這個數字。我在此刻靜下心問了高我，這個數字是要給出什麼訊息。

「哈哈哈，」高我笑了。

高我：所有的外在都是念頭的變化，一刻也不存在，如你所擔心的事，它也不曾存在。你能了解當下多少？當下的一切也不存在，那你的擔心就不是真實的了。你在期待中，就落入了你作的夢，醒來後什麼也沒有。記住你此刻的心情，保持自我的清晰，認清你的本能，生命的過程沒有盡頭，只不過是演化的顯現。保持你內在的覺知，啟動你的甦醒，不要逃避你的樣子，關照著自己，那個自己會被你看見，會被你了解，會被你明白，你會回到本能裡，療癒你自己。無需外在的附屬品，所有的附屬品只是因應你的匱乏而展現出來的。我與你之間都是無限可能，在有限裡的無限，在無限裡的存有。你若當是，就局限了；你若當不是，也才能創造機運。

什麼是力量？它來自於你內心，信任就會有力量。

高我：你想成為什麼？

我：我想成為有能力給予自己豐盛的人。

高我：你沒有豐盛嗎？

我：目前沒有。

高我：你再看看你自己，你就是我，一切都是豐盛的本來……你沒有遺失過什麼，你只是忘了看見自己而已。人若望天，一線之間；人若問天，無語纏綿；不問不忘，心能止妄。

目標：健康的細胞，修復健康的細胞，成為有力量的人。

走路是靜心的機會，走路讓我感受身體的氣流順不順，關節放鬆了嗎？呼吸順暢了沒有？出門走路總是為著某種目的，所以以前走路好像沒有在呼吸，腦子裡飄來一堆念頭，因此走路常常覺得很沉重，好像有人壓著。

今天到松山找以前的同事，聊著美容與療癒的經驗。好久不見的同事依然俱足能量，忙碌的工作並未讓他在臉上留下疲憊，自然醫學的能量也支持了他。今天他幫我的身體啟動能量儀，補瀉之後又運轉了脈輪。

在放鬆後，我好像睡著了。突然有個影象在我左邊臉頰示現，呈現一堆咖啡色的血管纖維，好像枯萎了。突然跑出一隻有觸角的蟲，從那一坨咖啡色血管纖維跳出。醒來，頭部的氣場一直呈現白光，不斷放大。我的頭被這個氣場定住了，無法動彈。大約十分鐘吧，我才睜開眼睛，然而心情是明確、清晰、舒服、放鬆的。

今天一整天的敘舊到下午的理療，我在同事的愛中，在天使的羽翼裡，包涵著、理解接納著。我看到那份給出的力量真實安定，整個氛圍都是彼此的愛在支持，在合一運作。

和他的相聚在和諧的順流裡，不知不覺到了晚上，臨時決定去他的讀書會聊天，正巧老師要帶大家讀「一切都是最好的安排」。

一天好，一天壞，人生在起起伏伏中前進……

我要健康明亮的身體，細胞潔淨有活力，無病一身輕。

我要在這個月有錢，重新開工作室，做心靈養生美容療癒，幫助自己和善緣人，聽高我的指令，找到工作室，能量頻率高。有可以修復細胞的植物元素的產品來療癒自己和消費者，達到和諧生命，一切聽高我的帶領。

我有很好的活力的細胞，健康的生命，人際關係好，每個人喜歡我，事業順利，有錢。

我要有很多貴人支持我，我要朝向宇宙光明之境，以愛與光為本療癒自己。

這是一段祈禱文，給自己的目標，裡面有祈求，有心願。在這段書寫出現了很具體的「匱乏」，「我要」不斷地出現。在前一段與高我的對話裡，談到了豐盛，因為個案的信念裡不認為自己是豐盛，所以物質世界裡很明顯地，就能看到匱乏的影子。

睡前發現二女兒病了，臉龐微帶著倦容，開始發燒了。心裡有個聲音：怎麼孩子又病了，上星期小兒子才剛病好，姊姊怎麼被傳染了！

孩子生病我會有恐懼，不安的心會不斷地爬上來，孩子只要病了，我就會有虧欠感，會自責。看著孩子的狀態，觀察著自己，也跟自己說：沒有什麼是比這故事更真實了，你能趕走恐懼嗎？唯有接納自己沒那麼堅強，一切都會消失的，恐懼是對未知不明白，沒有期待時，彼此的戲碼才會落幕。

信任？只是在重整另一個和諧的次元？過程若少了編織，並無法領悟思惟的策略行徑，只是投射出課業的情感糾結，若在觀察後真能覺知思想的意圖，你也無需改造另一個完美天空。因為放開思想，一切究竟即能解脫。我祝福寶寶明天醒來生命充滿活力，細胞透過發燒而更乾淨健康。神啊，天使們，給寶寶復原，有能量。

內在的匱乏是什麼？

很多人不知道，當我們在想像的世界裡建構神，神就只會在想像之中。就算你的頭腦裡輸入了一大堆談論神的知識，只要沒有在生活中落實這個力量，那麼一輩子都會睬在空中。

祈禱是一個寄託，如果你向神祈禱，你又把神放在想像的層次，那麼可想而知，祈禱的結果會是什麼？

你對自己的信念，決定了你體驗到的現實世界，這跟「你是不是善良的人」無關，跟「你認為自己是誰」比較有直接的關係。認為自己不夠好，覺得自己是犯了罪才會遭受到這樣的命運，或是在你的內心深處，不知道怎麼讓內在力量強大……這些都是內在匱乏的現象。

為什麼我會這樣說呢？因為當一個人不認為自己就是創造者，就無法對自己的現實負起責任。想要改變命運，一定要把力量抓回自己身上，就算你是在心裡祈禱，可是如果你的意識裡，那個決定權不在自己身上，這樣的意識就是把力量交託出去。因此不管多麼努力，內在永遠都會是空的，就算是想要扭轉現實，也是有限。甚至會不斷製造出更多祈禱給自己，一個祈求，帶來一個事件，在祈求被實現之前，事件要先被創造出來，如此不斷循環，你的人生將不斷地陷在意識的輪迴裡。

從創造者的角度來看：所有發生的事，根源都在自己身上，我要達到那個目標，「我必須做什麼事」。這是創造者走向真理的方式。

被創造者的思惟會是什麼：我怎麼會遇到這樣的事？有誰可以來幫我？有誰可以給

＊當一個人不認為自己就是創造者，就無法對自己的現實負起責任。

我力量？有誰可以帶我脫離這種命運……這裡面，自己完全是個無奈的承受者，內在的力量完全交託在想像的對象上，就像把錢丟到大海裡一樣。

「神在我們心中」、「佛在心中不遠求」，這是經常看到的兩句話。當一個人向外求的時候，並不會覺得自己在向外求。就像到教堂裡祈禱一樣，神是活在你的心中，可是你不是神，所以再怎麼向神靠近，你永遠都不是神，也永遠都不可能擁有神的力量；如果認為自己是，那就是褻瀆，對神是不敬的，我們帶著罪而來讓神救贖，才能進到天堂裡。

我並不這樣想，我認為神好像是父母，把我們生下來，就像我們對孩子的期許一樣，希望青出於藍，不會想要孩子永遠依賴著父母。所以我相信神也是一樣，希望我們能活出生命的神聖性，將祂所給予的力量發揮出來，甚至要超越祂，這樣才是榮耀神的子民。神也好，佛也好，都是我們對某種力量的形容，然後加上人性的猜想，擬人化那個力量，因此一個被意識創造出來的「神」就存在了。

神的力量有多大，佛的能耐有多強，完全都來自我們的認知，就如同我們對自己的認知一樣。對神能尊敬，對人就能尊重；只對神尊敬，對人卻不尊重，那不是虔誠，是傲慢，藐視神所創造的生命。

生活中大大小小的事情，都有神的創造在裡面，因為那都是由我們的意識所構成，我們怎麼想，就怎麼發生。當我們的內在提升到創造的層次，首先要面對的就是意識流，這個部分很重要，只有在保持覺知的時候，才能察覺到。

思想的速度很快，要是沒有高度覺知，很容易就會被帶走，而迷失在自己的意識界裡。「書寫」其中一個功能就是在整理意識的能量，當我們寫下來的時候，才有機會抓到思想裡的軌跡，領悟到：無意識的創造，其實就是生命裡的無常。

☆ 在日常生活中建立安定自在的心靈狀態

為什麼沒有一種人生是平平順順的？為什麼人一定要吃苦？

如果人只有快樂，這世界不會存在，因為很多行業都會消失！

如果這世界沒有困難，那麼很多人都將失業，沒有工作可以做，沒有夢想可以實現！

如果這裡就是天堂，那表示我們無處可去，無處可躲，無事可做！

如果有人受傷了，那麼醫生、護士、藥局……都有存在價值。

如果有人傷心了，那麼家人、朋友、音樂、百貨公司……都有存在價值。

如果有人想去玩，那麼旅行社、導遊、航空公司、遊覽車、餐廳……都有存在價值。

＊「書寫」其中一個功能就是在整理意識的能量。

日常生活是人的福利，每天每天呼吸、吃飯、工作、聊天、聚會……昨天、今天、明天接連延續著，裡面有人努力地實現夢想，有人毫無顧忌地玩樂，有人正在吃苦，有人孤單失落，有人欣喜若狂，有人生病住院……這些好好壞壞交錯出現，編織出我們的故事。

什麼時機最適合建立安定自在的心靈？……在你遇到困難的時候！

當事情不順利，你可以從中看到自己的情緒感受，再進一步觀察到腦袋裡的想法念頭，更深一層地感知到你的反應和選擇，這些都是真實的你。沒有遇到不順利，你不知道自己的界限，不清楚自己的原則，不了解價值觀和人生觀。

在沒有任何事情發生前，你只是想像中的一個人，需經由事件的觸動，讓你的真實被帶領出來；經過這些過程，你做了決定，決定用什麼角度看事情，決定用什麼態度面對和處理，你確立了事情的發展方向。在你下決定的那一刻，你是自己的主人，不管你是在有意識或無意識的狀態下，對於那件事，你給出了自己所能給的能量，而這個能量在外面繞了一圈之後，會自動回到你身上。

想得到什麼，就先付出（給予）什麼？

不想經驗到的事情，練習敏銳地觀察自己，換位思考一下自己之外的角色和立場，

＊什麼時機最適合建立安定自在的心靈？
在你遇到困難的時候！

然後慎重地做出選擇和決定。

你的內在有什麼，就會顯現在物質世界，這是心靈世界運作的法則，跟物質世界的模式相反。心靈並非虛幻不實，只是因為無法用眼睛看到，只有自己心裡明白，所以很難被相信。相較於物質世界，人人都可以看得到，這兩個世界像一面鏡子的兩邊，相互照映出彼此。心裡面有什麼想法、感覺……只有自己知道，所以變來變去沒有證據，心知肚明的人能用直覺感知到其中的變化。

對很多人來說，要把生活中大小事交託在心靈上，是很冒險的選擇，就算是在心靈學習的道路上花了很多心思，也不見得能清楚自己的真實樣貌。如果認真去觀察，就會發現到，每個人習慣用自己的模式處理事情，要是沒有遇到困難，絕不會沒事就想要來個創新或改變，甚至連想都不會去想。

人們對於自己的內在運作模式，通常都是在無意識的狀態下被牽著走，很少有人會去思索生氣的原因，在情緒上來的時候，就直接讓情緒的作用來處理了。這種正常又頻繁的情況，其實就是時機，是讓我們練習的最佳時刻；等到事情嚴重了，才來探討為什麼放不下，為什麼做不到……這時候問題就不容易處理，因為已經有很多事情糾結在一起了。

每個人都有獨特的內在運作模式，不經過刻意的提醒注意，幾乎沒有人發覺到，那

＊心靈並非虛幻不實，只是因為無法用眼睛看到，只有自己心裡明白，所以很難被相信。

個默默運作的自己，就像是活在另一個世界裡的陌生人。我花很多時間觀察學員們之間的互動，從他們談話的內容、談話的方式、思惟的路徑、思考的方向、角色立場的界定、情緒的變化、內心的感受……從他們身上了解內在運作的模式。

在觀察中，我曾反問學員：為什麼這樣想？沒想到用「不知道」回答我的比率超乎想像，還有人根本不記得自己有說過這樣的話！這證明一件事：無意識狀態下的生活，是多麼無法被信賴和依靠。幾乎沒有人發現這個真相，然後人與人之間的紛爭常常莫名奇妙地就這樣發生。

記錄能解決這種問題。當你開始書寫、記錄自己，觀察者就出現，特別是，當你在觀察記錄自己的心情、想法、內在反應時，這些都是相當細微的層面，於是你必定要保持高度的覺知，才能記錄到那些內容，那麼，專注的頻率就會發生，並且是由你的內在自動產生出來的。一段時間之後，專注就會成為你的習慣，行住住臥都能專注，敏銳度、覺知力也同樣會養成。單純只是書寫，就有那麼大的作用，可以在不知不覺中被訓練成功。

時代的進步，讓我們有新的生活方式，同樣地也有新的選擇，能在文明的環境中取得很多時機來鍛鍊自己。古老的方法傳承至今，能夠靜下來的選擇除了靜坐、冥想之外，現在的跑步、運動、聽音樂……都能達到同樣的效能。書寫也是其中一個選項，都是為了能夠擁有智慧、平靜的心靈，安定和提升靈魂。

當一個人把注意力轉向自己的內在，世界就會隨著你的轉變而開始變化。開始書寫做記錄，比起無意識的生活著，未來的人生能為自己所做的改變，遠遠大過於你的想像。

＊當一個人把注意力轉向自己的內在，
世界就會隨著你的轉變而開始變化。

5

創造

運用有意識的覺知與觀察

生命的旅程本來就充滿驚險和挑戰，口味比較重的靈魂個體，喜歡追求高度刺激的感官覺受，就會設定充滿種種艱難的際遇，以挑戰內在靈魂的極限，這是靈魂的選擇。在豐碩無比的物質世界中，極限永遠在你的意識邊緣，超越也永恆存在於自己的認定裡。

☆編寫未來的劇本

我們從純淨的白出生，在成長過程染上五顏六色，再用更多顏色或線條修飾（療癒），然後帶著這畫作回到永恆裡，重頭再來……認真地說，就是因為每一段生命之旅都是未知的創造，所以過程中難免會遭遇到挫折，內心也會有牽掛；為了讓我們可以繼續勇敢地向未知探索前進，於是療癒的需求就應運而生。

你可能會問：「人生，一定要吃苦嗎？」我也曾想過這個問題，出現的答案卻是：「如果我們從頭到尾只想保持純白，那麼就不需要來這裡走一遭了，不是嗎？」這個提問點醒了我：我們原來對人生的經驗有那麼多的限制，不想要那個，只想要這個，不敢做那種事，不會成為那一種人，不可能這樣，不可能那樣……

在進入創造的領域之後，才看到，我們是如何壓制住生命的可能性。我們不知道在

「報應」的信念裡製造了審判和仲裁，在「好人有好報」的社會價值觀裡，宣告了我們終有一天也會得到這些報應，可是卻沒有人保證自己做的都是利人利他利己的事。大部分只考慮自己的人不會覺得自己是自私的，即使有一天他遭遇到自私的回報時，也從未想過，這跟自己過去的想法和行為有關。

生命藍圖的規畫裡，都是靈魂想要經驗到的事物。在學會怎麼掌握人生方向之前，原始的設定裡必須要有初步的架構，隨著自我意識成長，一步一步將主導權還給我們。我個人對身心靈學習的體會是：要跟自己內在的智慧連結，探究人們口中所說的本我、真我、神性、指引……到目前為止，我應用在自己生活之中的比例相當高，幾乎有九成之多，剩下的小部分是我必須保有的人性感受。

在宗教或身心靈圈裡的語言，多會提到業力果報，前世因、今世果……這些形容生命輪迴，提醒人們不要做傷害自己和他人的行為，用恐懼的力量來控管人性。我對於這樣的觀點沒有意見，雖說有人深信不移，卻也有人嗤之以鼻。當我開始學習創造法則時，就明白了因與果之間的關係。

過去的人生活步調緩慢，壽命也沒有那麼長，所以一趟生命之旅能經歷到的事物，跟現代人來比，我們的一段人生幾乎可以拆成過去的人好幾輩子的總合了。時間線緩慢下的人生歷練，再加上學習資訊普及率，時區空間距離的落差，在各方面，我們超越過去的祖先很多，當然古人們的說法用現代人的語言詮釋，差別也相當的大。要繼續探索下去，我們可能會走太遠而無法回到這主題裡了，所以人生劇本的編寫，也一定會有因與果的關係。

起心動念、意圖初衷，跟未來的結果有條看不見的線連繫著，這個牽連從一開始就存在，只是隨著過程發展，變得愈來愈複雜，甚至因為牽扯到的元素太多，而將最原始的那個源頭蓋住而迷失。

創造，是一個不難的過程，大多數的困難都來自我們個人的認知和習性。從擺脫舊的制約和設定，其實就能運用創造的法則做到，從我這十幾年來對學員的觀察，體會到，人們最難超越的就是自己而已。

認知的原則、價值觀、內心的力量、生活習慣、舒適區、現實狀況……都是創造過程中必須逐步重建的，這跟療癒有同樣的目的，只是走的道路不同而已。這是一個選項，比較不同的地方在於：創造不從過去著手，採取的途徑是運用有意識的覺知與觀察，為自己制定一套轉移的計畫，從舊的頻率設定裡，移動到自己想要的平行世界中。聽起來好像很神奇，事實上這需要相當用心地去執行才能落實，是一條全新的道路，屬於快速成長的過程。

什麼樣的人能擁有創造的能力？答案是：有意識覺知的觀察者！創造並不是特異功

＊創造不從過去著手，採取的途徑是運用有意識的覺知與觀察，為自己制定一套轉移的計畫，從舊的頻率設定裡，移動到自己想要的平行世界中。

能，也不是超能力，是每個人都有的本能，差別只在於，你是否能有意識保持覺知地觀察自己。你觀察自己，自己就成為創造者眼中的造物，要怎麼看這個造物，取決於你怎麼看自己；但這不是那種自以為是的觀點，而是從自我的位置離開，用客觀的角度所看到的一個不認識的人。

創造和療癒最大的不同在於：前者是從頭開始，要把現在當成一種假象，然後重新創造另一個現實出來。人們很容易被現實的狀態控制住，因此花很多時間在努力對抗，把所有的力氣用在想要扭轉現狀上面，最主要的是：當事者的意識緊緊地扣住眼中所見的現實裡，卻沒有任何力量投注在心中所想要的願景上。而療癒的前段工作，就是將過去積壓在心裡面的負面能量清除出來，清理出來的空間要立即用新的意識或能量填補進來。這是很重要的切換點，沒有這樣做的話，那個空間又馬上會被舊習性產生的能量充滿，回到原點。

要是創造和療癒能同時進行，那麼就不會一直停在療癒的階段，好像永遠都療癒不完一樣。其實身心靈的學習裡，有一個重點就是：強化內心的力量。因為你需要和現實對抗，而唯一可以取勝的關鍵武器，只有內心才有，沒有把注意力轉回到內在，現實永遠緊緊咬住你的未來，你只能無奈地任由外在的事物控制，再怎麼努力都像停在原點一樣，起不了多大的作用。然後誤解自己沒有能力，或是以為所學的沒有幫助，繼續不斷

＊療癒是將過去積壓在心裡面的負面能量清除出來，清理出來的空間要立即用新的意識或能量填補進來。沒有這樣做的話，那個空間又馬上會被舊習性產生的能量充滿，回到原點。

地尋找，結果所學的沒有一樣真正落實下來，在尋尋覓覓間用盡大半的人生。

從療癒的角度看創造，就像人在看神一樣，是一種追求，也是一種嚮往。立足點會站在遠方，看著那個創造者揮灑出美麗的作品，然後渴望得到那份恩寵和幸運降臨在自己身上，滿懷感恩的心收下；如果跟自己期望的結果不同，也會用接納和自我審視的態度來面對，認為這裡面還有需要調整的心態。

這樣的創造者因為認為自己尚未完整，因此對創造沒有足夠的把握和信心。在意識的層次上，分離的思惟還是存在，又是自己、又不是自己的幻象，會把內在力量分散開來，也較難對自己遭遇的事情有全然的接納；畢竟在這樣的信念裡，高低和上下之分的界限，已將自己和神，分處在兩個不同的世界裡了。

從創造的角度看物質世界，看到的是自己的創造，若有什麼不滿意，會認為是自己的創造有需要修正之處，對每一個發生的事情負起責任。除了自己和所創造的事物之外，並無他物，在關係上也是相同的立場，人物角色都是由自己創造當時設定的。

對創造者而言，每一種發生都在有意識的狀態下所做的選擇，因此存著感恩的心，謝謝對方的配合演出，才能讓創造完美呈現；裡面沒有審判或等待幸運降臨，全都來自於本身的意識所顯現，沒有任何人事物跟自己無關。沒有依賴，只有合作；沒有指揮，只有配合；沒有控制，只有觀察；沒有批判，只有承擔。這是一種信念，對自己的創造，對自己的現實，對自己的生活，對自己所現存的一切實相，知曉自己跟這個世界的關係。

對療癒或創造兩者而言，都是選擇往內探尋的途徑。在人生的道路上，兩者指向都會回到自己身上，一樣有挑戰和困難，只是途徑不同。選擇把力量用在外界的人，實現人生夢想的過程，可能要比選擇往內在的人，要多出好幾倍的時間、精力和金錢，出現的阻礙和挑戰也截然不同。

療癒與創造兩者的差異性落在：外在世界已是集體意識顯現出來的結果，改變有限，發展也有限，因為需要集體意識的共同配合。除非你具備了強大的資源、條件、權力、背景……等出路，用他人創造出來的資源達成自己的願望；即使你覺得自己付出所有的一切，也有可能只有很小的一部分能夠分給你。在商業的模式裡，有沒有市場，有沒有商機，有沒有前景，有沒有利潤……那些可以被估算出來的數據，都屬於他人的創造。創造者不會跟隨那些數字，而是自己創造出一個全新的市場，創造出話題、前膽性和未來，並吸引人們自行投入。

創造的世界裡，只有相互頻率共振產生出來的結果，匱乏跟貪婪一定會有量子糾纏的共振事件，這是為什麼目前詐騙集團盛行的原因。不只有金錢的層面，情感的關係上也有很多案例，明知道所有的互動是建立在利益上面，是一種利用情感做交易的關係，仍舊還是有人心中抱著一點期望。這種無明的行為裡，潛藏著人們不知道的運作法則。

「明知道」是一種知曉，其實就是有意識的創造，「明知道」不可為而為，是一種有意識的選擇，在你抱著期待的假象下，已預見了你所深知的結果。在無限可能的平行空間裡，一切都能發生，唯一能制止的是你思惟裡的邊界，即使是一件不好的事，也在其中。

集體意識有牽制的作用，同時也有共振的效能，端看創造者自己本身的思惟有多麼大的可能性。這世界沒有無法創造的人，頂多只是不知道創造法則如何運作而已。除了不知道自己有創造力之外，再來幾乎都是因為內在力量不夠強大！經常將自己的能量浪費在外面的人，都是因為不知道，自己這樣的想法和念頭，其實就是在把力量給出去。

舉最簡單的例子，就是「期待」。期待的能量形式是一個空間，在那個空間裡存放著期待，當你把這個存放著期待的空間放在他人身上，那麼你就會不斷把注意力放在他身上，希望他能代替你去完成或實現。這個前題下的你就是能量的給予者，這個行為沒有對錯，單純就是一種選擇，就好比你選擇走路還是開車到達一個目的地同樣的意思。

如何有效的管理和運作能量，必須從有意識的言行舉止開始著手——

從觀察的位置收集，自己本身具備什麼能量？

這些能量是能由自己產生，亦或需要與他人互動才會被激發出來？

什麼樣的能量可以導致出什麼效益？或是觸動出什麼反應？

＊這世界沒有無法創造的人，頂多只是不知道創造法則是如何運作而已。

這些只有你自己親身對自己下功夫，才有辦法取得的訊息，沒有人能幫你做檢視，只能協助引導你，最後才能依據你所提供出來的素材，告訴你這些能量怎麼應用。

能量如果經由我們有意識的從內在運作，就會轉化為內在的力量，特別是當你把這樣的內在運作建立成習慣，那麼內在力量就會愈來愈強大，創造出來的結果和效益能夠影響很多人。還有另一種方式可以鍛鍊：從很多成功者的故事中，就能看到，他們都會經歷一段相當黑暗的過程，所以他們的成功得來不易。

這就是在印證一個真理：內在力量可以由人生的挑戰、困境所培養出來，沒有那些過程，不可能擁有激勵人心的故事與成功方法。把這樣的視角再轉回到我們每個人身上，就知道，這些同樣的設定裡給每個人起起伏伏的人生，目的都是一樣，卻因為選擇不同，故事的結局大不同！

☆創造的意圖和初衷

創造是改變的因，你的意圖和初衷在一開始創造時就確定了，只是創造的過程是未知的。初衷是因，意圖是果，在兩者間，創造產生了新的途徑，以完全未知的模式開展出來。信任度愈高，過程愈短；反之，則是一段漫漫長路，因為過程中加雜了信任之外的創造進來，像是你的擔憂、不確定、煩惱……這些也是創造。

創造是一條「有意識的運用內在力量構成物質世界」的道路，內在不存在的能量，外在現實裡不可能發生。在面對外在事物的態度上，創造者一定是回到裡面的源頭處理，用內在的力量扭轉現實，所以意識頻率愈純淨，思惟單一，實現計畫的速度愈快。這並不是說創造就不會遇到困難，反而創造的法則裡，最主要依靠的內在力量就是信任，用信任的力量將心中想要的未來跟現實緊密地纏繞住。

創造者面對人生的態度，與我們舊有的模式不同。在你的心裡和腦海裡，創造意謂著你要從現狀離開，跟過去完全切割，重新擁有一個心目中渴望的人事物，裡面包含與家人的關係、工作、收入、健康……所有跟你有關的一切，都會重新開始，並且是以「心」為主，然後漸漸走向隨心所欲的生活。

能夠為自己的人生負起百分之百的責任，才能在持續不斷的創造裡建構出理想中的未來。所以一開始，絕對會有個巨大的轉變，讓你從舊有的頻率中離開，雖然你只是有意識的做了一些目標設定，然後有意識的書寫轉變內在信念，現實世界就會自動的發生變化。聽起來會覺得不可思議，可是事實就是如此！

一旦進入到創造的世界裡，情感模組是最快被改變的面向，你可能會以想像不到的速度被帶離情感糾結的層面。這並非奇怪的事情，只是過去你不了解物質世界從無到有的步驟，因而無法想像；這不是什麼特殊的能力，而是法則，物質世界運作的法則。

人的內在力量足以改變整個物質世界，可是仍有很多人不知道怎麼使用，對於現實世界所發生的一切無能為力，似乎只能說服自己接受，迫於無奈下不得不的選擇。

改變人生有很多種方式，改變自己也有很多選擇。不管哪一種，改變無時無刻都在發生，差別只在於是由誰發起的。創造，就像是一個主動引起改變的過程，只是你是那個改變的主人，是由你的自由意志決定要讓什麼發生。當改變出現，你的創造就進入顯化的階段。

創造並不是一個結果產生就代表你成功了，最重要的是創造的延續。在人的認知裡，分離的思惟嚴重地影響著我們，即使已經在學習創造的人，仍會被分離思惟所左右而不自知。就好像一個目標和另一個目標之間，表面看起來是兩回事，事實上每一個目標都跟創造者有關，這裡面一定有牽一髮動全身的作用；甚至在目標和目標之間產生矛盾或衝突的情況，也會在創造的初期遇到，只是接著經過不同目標設定，可以去除這些問題，然後在過程中學習，有意識的建立目標和目標之間的關聯性。

必須讓創造變成生活的一部分，不斷持續下去。人生的劇本是否具備價值，來自於創造者的想像力，能夠有完美結局，也要能有令人心動的過程，曲折離奇、浪漫溫馨、

＊創造並不是一個結果產生就代表你成功了，最重要的是創造的延續。

扣人心弦……都是創造者的能力。

當你開始正式參與自己的人生劇本那一刻起，這會是最巨大的考驗，這時候你就會明白，平淡無奇的人生有多麼引不起創造者的興趣，也能領悟到，為什麼人生一定會有起起伏伏的原因了。

了解並學會由內而外的創造法則之後，你所擁有的創造力，將會回饋到生命之中。在創造的國度，你是自己的觀察者，觀察著自己的創造，經驗著自己所思、所言、所行，延續著創造的每個結果。你是誰？在你的現實中體現，你對自己所下的任何判斷，都會形成影響力，回到你的現實世界中。

想像一下：當你發現有人在看著你時，跟沒有人看著你，會有什麼不同？一樣在生活，有意識覺知的經驗生活中的發生，就像有人在觀察著你一樣；無意識的讓時間分分秒秒的離開，就算不是呆坐著，而是忙得暈頭轉向。有意識和無意識間的差距，可以用天堂和地獄來做比喻。人的一生，要是有足夠的時間保持覺知，那麼這段生命之旅的收獲將會無法估算，對人、對己、對社會、對世界，都會有極大的影響。

保持覺知、有意識活著的人，能精微化每件事情的經驗質感，像是世界級的雕刻家在精雕細琢自己的作品般，能創造出不凡的生命價值。

在進入創造的領域之前，我們要經歷數不清的考驗。為什麼呢？這些挑戰暗示著：

＊保持覺知、有意識活著的人，能精微化每件事情的經驗質感，像是世界級的雕刻家在精雕細琢自己的作品般，能創造出不凡的生命價值。

創造者所擁有的力量，能決定物質世界的未來。所以，彷彿兩面刃的刀，創造者會第一個經驗到自己的創造，如果會形成傷害，那麼創造者本身會是第一個承受者。

我的第一本書《人類新操作系統》裡分享的就是創造的方法，很多人用這個方法實現了夢想，完成很多目標，當然也經歷了諸多脫離三次元舊信念系統的考驗。不過對於學習創造法則的人來說，這些考驗已不再是過去那種深度的糾纏，反而是相當快速的放下、重組。

對於三次元頻率即將結束的地球而言，學會創造的法則與方法，是當務之急。這並非預言，從社會結構快速改變的現象來看就知道，我們不能再用過去的觀點來面對和處理，沒有新的思惟方式，會陷入絕境中找不到出路。就像一個政策突然改變，我們能否有轉變及適應的能力，來自於轉念的能力；而轉念指的是為自己找一條新的出路，這裡面如果一直停留在抗爭的層次，是無法讓自己從改變中找到希望的。

☆從舊劇本的安排中覺醒

有人在第一階段的生長期就吃了很多苦，內心傷痕累累；也有人一出生就含著金湯匙、銀湯匙，無憂地長大。這兩種人生在成年後，同樣都有挑戰，只是所設定的挑戰順序不同而已。這很符合量子物理學中的糾纏理論，兩個粒子在一開始就緊緊地交纏著，就好像是現在和未來的關係，現在做了任何的改變，都會直接影響了未來。

從小到大的成長過程中，家人、朋友、同學、師長……都是為服務而來的靈魂伴侶，這些人是被設定好的，用劇本中的方式、管道、模式……來幫我們建構下一段人生要經驗的基礎素材。就好像未來確定要經驗到療癒，那麼從原生家庭開始，成長過程就一定要有傷害的事件發生，然後深深地儲存在內心裡，這樣才能實現未來療癒的計畫。

我們如果以狹隘的眼光來看人生的黑暗面，就會容易陷在集體意識的圈套中，「比較」就會出現，愈比就愈難過。假如能換個高度和角度來看自己一路走來的這些過程，從中找出一些指標，問問自己：「到目前為止，我的人生帶給我的是什麼？我的靈魂想要體驗什麼？」沒有評判，也不要太早以目前的現狀來下定論，練習用客觀的角度來檢視曾走過的路。注意，這裡面不要有審判，你才能從舊劇本中看到更寬廣的面向，而有機會能找到此生的目的。

人生中，有許多種關係會為我們帶來不同的經驗，生命的面貌隨著地球的次元和頻率提升，人類的文明也同樣會有相當令人驚艷的表現。誕生在這個轉變瞬間加速的時代，對靈魂來說，是相當稀有的機會，能夠同時容納各種維度與次元，並跨越到「用意識改造未來文明」的時機，都是地球前所未有的轉變期。這個時代會讓我們經驗到沒有極限的可能性，就看我們對自己有多少想像力。當創造這個法則握在手中時，擔當一個有如造物者的定位，我們能為這個世界創造出什麼利人、利他、利己的美好事物呢？

想想看，一個本質很純淨的你，來到物質世界，目的就是為了來體驗人類世界經驗所帶來的觸動，經歷人世間的種種，有苦有樂，有美好有醜陋、有成功有失敗……這些是中性的。苦跟樂是一樣的事物，只是每個人在面對經驗時，因人而異、感受不同而已，這就像我們對食物的喜好一樣；並不是苦就是不好的，也不是成功就比失敗好。靈魂渴望經驗到所有的事物，在尚未實際體驗到之前，就像是還沒拿到學分的實習生。設定人生劇本就像吃自助餐一樣，由我們自己挑選到生命的餐盤中，包含療癒這道菜也是如此。

為了體驗精采而來的你我，從一張白紙，漸漸讓成長歷程點點滴滴地畫在人生這張畫布上，然後再用下半生的時間來修整畫布，直到滿意為止。所以我認為，剛誕生的Baby之所以會哭的原因，應該是喜極而泣吧！

療癒，是一種啟動心靈自我修復與痊癒的能力，這對進入創造領域的人來說相當重要，因為當我們握在手中的主導權愈來愈大時，會面臨到的考驗通常是：因為已經沒有舊劇本的守護，可能導致的結果幾乎是無法估算的。因此創造前的療癒很重要，至少要在某種程度上，靈魂已能從舊迴圈中解脫出來；在決定創造之後，要有強大的意志力，才能在遭逢困境時扭轉乾坤。這時候信任的力量能戰勝大多數的考驗，並經由自我修復，快速回到最穩定的狀態繼續創造，這是創造者必備的基本能力。

「療癒」建立在「信任」的基礎上，只有在信任中，療癒的力量才能發揮出來。並不是只有進行療癒儀式才算療癒，其實在人生過程中，隨時隨地都有療癒我們的對象會出現，只是我們不容易認出來。療癒者並不是情感撫慰的代表，有時候也是刺激你做出某種行為的誘發者，從劇本設定（業力）的角度來說，也可以稱作是協助完成靈魂課業的人。

進入到創造的層次之後，保持高度覺知是相當重要的條件之一。

服務，是靈魂用來形容關係的用語，所有關係裡都存在服務的目的，在服務中提升彼此，藉由服務圓滿靈魂的約定。以人類的生命之旅為場景，在創造裡建立的關係是全新的，沒有過往的糾纏；從當下開始產生關係的那一刻起，是由創造者自己決定那個關係的未來，對方可能是有意識的共同創造者，也可能是無意識的被創造者，就看你是如何選擇而已。

你可以想像，這就像是一份企畫書，當你的創造有一個完整的藍圖與願景時，你會吸引到想要一起參與的個體出現。計畫愈大，參與的個體數愈多，考驗也愈大，要有強大的整合能力，更要能站在足夠高的位置觀看全體；在每一個決定中，給出什麼就會得到什麼，這是創造的法則。跟舊的三次元思惟完全不同，創造者要全權為自己負責，能否堅持到底，實現自己的夢想，是一個由自己設定出來的旅程。

在三次元世界中，人人都想成為偉大的人，不是救世主就是英雄，想握有權力，也想擁有財富，卻不清楚在那個位置要面對的是什麼樣的挑戰；在成為那個角色之前，需要經歷什麼樣的磨練和學習，還要付出什麼樣的代價……這些都是三次元的思惟想像不到的。為生命負起責任，也是創造者要具備的品德。

並不是成為創造者就不需要學習，相反的，創造者更要保持學習的心，這樣才能用開放的態度迎接生命的可能性。例如在不同關係裡的學習，能讓我們藉由他人的立場和獨特性，看到自己其他不同的面貌，也能從相處之中發現我們能夠進步之處。

藉由他人這面鏡子來照見，是最直接與客觀的方式，否則容易陷入自我迷失的死角裡。如果關係存在的目的，只是一味想要他人順從我們的需求，忽視關係中相互學習的機會，就偏離了你創造這段關係的初衷。靈魂的約定能如期完成，並不是件容易的事，過程中需要相當多的歷程，要是沒有信任，創造就很難落實下來，甚至半途而廢。

人們對於創造的法則了解不多，因為長期生活在劇本的守護之中，所面對的是「不知道明天會發生什麼事」，事實上未來是被明天的設定所安排好的。創造的層次則相反，明天發生的事是由今天或更早之前決定的，若停止創造，那麼空白的日子就會發生，不知道做什麼、不知道下一段道路什麼時候會展開、接下來的人生會如何？

一開始學會創造的人，過去的傳統思惟還會存在，對於每天沒事做，會以為是悠閒自在的人生；時間久了才發現，這樣的日子沒有目標，漸漸地體驗不到生命的力量後，就會了解，這就是停止創造的結果。也有人會不自覺地等待，以為目前的空白就是在等機會出現，卻不知道，自己早就脫離了劇本的設定，未來也早就握在自己手上，沒有創造，等於一切停止。

創造者維持有意識狀態的時間是常態，專注已經是習慣，是不需要提醒就存在的內在運作模式；相較於長時間處於無意識狀態的人，在覺知中創造者，活在相當微觀的世界中。從外面的表象來看，看不到創造者忙碌的身影與生活，卻能看到創造者實現出來的績效與結果：好像沒有在做什麼事，卻很有效率地完成很多事。這種現象是在時間幾乎靜止中快速前進。

有意識的創造明天、後天、大後天……需要經歷一個步驟接一個步驟的鍛鍊，唯有這樣，才能脫離舊有的設定，並產生相對的效應出來。在創造與實現這一來一往的互動中，生命的主權不知不覺地就會完全移轉到我們自己身上，並引領著生命的神聖性落實下來，達致人們心目中想要成為的結果。

創造的完美度來自於覺知，覺知愈敏銳細膩，參與創造的細節比例就愈高；沒有覺知到的面向，代表有需要學習的空間。覺知跟有意識的觀察是一體運作的，維持觀察者的目的是客觀性，不會過度被自我的意識局限住，這樣創造的可能性才會出現亮點，畢竟人的慣性思惟總會不斷形成圈套，讓我們一不小心就落入自己的陷阱之中。

我們的現在與未來，就像量子力學中的兩個粒子，在時間與空間尚未有任何牽繫時，現在做的任何改變，同時就會影響到未來的那顆粒子。彷彿物理學家們所說的幽靈效應，其間兩個粒子間的糾纏，經過觀測者的觀察，物質的樣貌被決定了。

就像是我們對未來某個特定結果有著強烈渴望一樣，我們用著正向樂觀的態度來看待人生，那麼未來是否就是被我們所觀測的粒子所顯現出來的結果呢？雖然量子物理學還沒有辦法解開意識和物質之間的全貌，可是朝這個方向前進的必然性，似乎跟生命的演進有著一種無法克制的驅動力。試想，這些偉大的發現，如能揭開形成現實世界的真相，那麼人類將會有著什麼樣的未來生活？

☆與自己的內在對話

我是個喜歡探討追求真相的人，天生的個性就愛追根究柢，不好聽的形容是打破沙鍋問到底，問到沒人想回答，問到讓人心煩氣燥，問到讓人發脾氣，問到神跑鬼逃。我從小就是這樣，很多長輩總是被我問到無言以對。如果說這是一種天賦，上天賜予的能力，那麼我還真的願意接受。

從開始跟內在對話的模式被建立之後，向高我提出問題，還真的是我的強項。很多人都說他們不會問「問題」，不知道怎麼問，所以也就得不到其他的答案，這一點我就好像很厲害。一個看似沒什麼特別的狀況經過我「問題」的洗禮，總能出現很多本來沒有看到或是沒有想到的內容；也會因為我的提問，讓事情變出想像不到的可能性。

不知道是不是有人跟我一樣，喜歡找答案，不願意停留在原地？或是天生叛逆反骨，不跟著大多數人走，總是要找到心服口服的答案才會甘願？這種性格應該適合往研究的路線走。可惜的是，當時我並不了解，追根究柢會影響我一輩子，也不清楚這個特質所造就出來的人生劇本，跟自己的未來有什麼關聯。我相信，如果沒有走到現在，在我那個時代的長輩總是說小孩子「有耳沒嘴」，只要聽大人交待的去做，不用問那麼多……跟我差不多年齡的人，應該能理解我們當時成長的背景和環境。

向內探索的動機人人不同，如果沒有經過父親車禍過世的衝擊，我完全沒有想過，還有所謂的「心靈」這個東西。我知道人有靈魂，可是靈魂跟心靈，神跟心靈，身體跟心靈，對當時的我來說，就像另外一個世界。經過十幾年的粹煉，我才漸漸明白，也有所領悟，關於生命這回事，關於人生這件事，關於自己這個人。

「領受內在的教導」這件事發生在我身上多年，從二〇〇二年開始，不自覺的手動書寫至今，我對自己內在的探索，就像劉姥姥進大觀園，做出很多連自己都會心驚膽顫的舉動。在高度劇烈起伏的劇本安排中，我如實地體驗著造物者的神奇，內在神性的展露，每每讓身旁的人感到不可思議、無法言語。

在父親過世時，我對著家中供桌上的神明怒罵一事，是每次分享自己時，最常提到的故事。那時候因為憤怒而做出的行為，可能是後來被推進身心靈領域一個重要的起點，我心中對生命的諸多疑惑，被父親意外離世引動出來。但在這裡提到這個經歷的目的，是想分享自己到目前為止對生命的理解，還有印證在自己身上的真實事件。

過去我曾以為的天使、精靈、上師、高靈……乃至於神，是居住在另一個世界：天堂！那是等到死後、而且要做好人才能到的地方，我從來沒有懷疑過這個想法。父親過世時，為了讓他能到天堂，我用他理賠的保險金做了很多事，法會、頌經、超渡……可以想到的，我都做了，但還是無法肯定他是不是會到天堂。再加上當時我對神的質疑，說穿了就是為了心安，是為了讓母親、家人和自己的心而做的彌補，似乎沒那麼做的話，就百分百肯定父親會下地獄。很好笑的想法，這代表我們都不認為父親是好人，才會這麼想，不是嗎？否則，如果父親本來就是好人，那麼不管我們是否做那些事，他都會到天堂才對！

我自己後來想通了之後，明白一件事：天堂和地獄或許是真的存在，只不過跟我之前的認知不同。是意識，意識本身也是一個存在的空間，有人稱「空」或「涅槃」。我們用意識創造出所有的物質，所以會因人而異地包羅萬象，就好像你有你的天堂，我也有我的，只是因為頻率不同，呈現的模式與內容也會不同。例如佛教的天堂可能和天主教的不同，日本人和美國人相差十萬八千里，最主要的是我們的意識。在意識的世界裡，什麼都能存在，什麼都有可能，什麼都是對的，自有其共同存在的模式。

可能有人會覺得：我是憑藉什麼理論或證據這樣說？在此我個人表明自己的立場：我沒有任何宗教的背景。即使家母是一貫道忠誠的道親，我也只是以晚輩的身分，表面上的參與，真要說個究竟，我可能還是向母親提出很多疑問的人，當然最後還是被母親用同樣一句話回我：「我真希望那張嘴是長在我自己身上，怎麼會生給妳……」

回到我的觀點出處，還是來自於觀察。我發現人們用故事來形容神，擬人化神的力量和回應。曾經聽過一些宗教領域的前輩說：神會生氣，觸犯了神，就會被懲罰。我一直以為神是很溫柔善良的，能包容人的種種愚蠢行徑，不會像人一樣，只要不順從就會發脾氣。沒想到我卻聽見令自己大感震驚的描述，於是那種喜歡打破沙鍋問到底的毛病就出來了，一來一往，長輩們一一離席，然後覺得我沒禮貌，個性固執，對神沒有敬意，早晚會遭到神的處罰。

對我來說，我不認為神那麼小心眼。神掌管那麼多事，怎麼有空跟人生氣？是人自己沒耐性，藉著神的名義，想要讓人臣服在他自己的想法與認知中。從這點來看，大概就能理解，我的性格有多麼讓人苦惱了吧！

還有一次經驗是與靈媒的對話。能夠傳達很多神明訊息的一位師姐，本來是要告訴我一些人生大道理，才剛剛開頭，我一聽到自己覺得矛盾之處，忍不住就把心裡的想法說出來。於是愈來愈激烈，我一大堆問題，問到那位師姐從這個神換到那個神，每換一次就要等一下，換到後來我沒耐心等，就直接問那位師姐：「神不是知道所有的事，那為什麼神不知道我今天會來問這些問題？照理說神不是早就該把答案準備好，這樣才能證明神無所不能，不是嗎？」後來一個神都沒來，我也沒有得到滿意的答覆。我想對傳統的神來說，我大概是惡魔的孩子，就是來搗亂、來惡搞的，專門顛覆人家苦心經營修練的成果，打壞舊有制度和規則的壞蛋，我在當時給自己貼上這樣的標籤。

十幾年下來，我的神果然如我所認識的那樣，包容、寬厚、有耐心、願意讓我用各種方式經驗我自己，能夠不止一次的理解、等待、給予機會；我在經驗自己時失敗了，也不會受到懲罰，因為結果就是自己選的。

我擁有無數次美好的奇蹟降臨，在我跌落谷底時，瞬間攀上高峰；在最深的黑暗，我依然知道自己被自己的神所守護。這是個信念（有力量的思惟），一直在我心中。因此我不是為反對而反對他人對神的認知，我觀察著每個人對神的理解與認知，我也觀察到，那個認知和理解讓人們如何使用神；神被放置於何處，能發揮出多大的力量，是我們決定的，而不是神！

我用自己的人生體驗「佛在心中莫遠求」的真理，我也走在「信我者得永生」的道路上，唯一不同的是，我不稱他們為佛陀或上帝，而是知己，懂我愛我。這是我的神，我知道怎麼讓神來幫我，我也知道如何發揮出神的力量，學著用神所分享出來的想法來理解世界，用神給出的觀點，了解外在發生的事物，以神提供的視野來觀察發生在自己周遭的點點滴滴。我的世界就是神跟我的創造，我體驗著每一種教導，分享著自己的親身經歷；我的故事裡有神的存在，我帶著信任經驗神，神也以信任的力量回應我的創造。

這幾年，從二〇一二年之後，大量以為世界末日的人，有很大部分是身心靈圈子的人，我當然也是其中一位狂熱份子。在二〇一二年十二月二十一日之後，太陽一樣昇起，世界（地球）跟昨天一樣，沒有被毀滅，也沒有任何預言發生。所以有一大群人醒了，徹底的醒了，從心靈的幻象中被自己的夢敲醒。

我目睹著這些事情，事實上我們的確經歷了世界末日，自己的世界末日。我以為世界末日是地球的末日，真相是：世界不等於地球，地球是由每個人的世界組合而成，當我們失去了財產、事業、健康、愛情……就像世界崩塌毀滅一樣，那就是世界末日。我在二〇一二年十二月二十一日的最大收獲，就是徹徹底底的覺醒！

在這個大覺醒來臨之前，曾有很短的一段日子，我覺得自己像神經病，跟著那些預言瘋了五、六年，也跟著那些外星訊息生活了五、六年，到最後呢？我失去了所有的一切，離開了自己的心靈團體，放棄了所有的夢想，剩下的只有我的現實：我的孩子、家人都要繼續過下去，我為人女、為人母的責任仍在，我就算擁有再強大的心靈力量，也要面對現實殘酷的考驗。未來在哪裡？該往何處去？什麼都沒有的我，連活下去的勇氣和希望都消失了。這是在我完全覺醒前的狀況，內在完全空掉，不知道將置身何處……這是二〇一〇年底到二〇一一年三月份的事。

是一個夢將我帶離開這個狀態，夢裡的畫面很具體，也很簡短。第一幕我坐在床上，然後下一幕是我站起來，在床上跳來跳去，最後就出現三句話：「量子跳躍、名牌包包（這是畫面）、分子化結構。」這個夢跟著我，直到量子跳躍發生在我身上。

二〇一一年三月九日下午，我躺在房間床上，拿著手機跟一位老友聊天，突然間天旋地轉，我的房間四周變成藍色的格子，我用相當快的速度穿越在這些網格的隧道中，另一頭手中握著的手機變得像綠豆般大小，但是對方從話筒中傳來的聲音就像擴音一樣大聲。這樣持續了好幾十秒（估算），才回到房間正常的環境。我呆在床上，不知道剛剛發生了什麼事。電話已經斷線，我卻撥不出去，像收不到訊號那樣。

這個經驗發生之後，又經歷了兩次不同形式的離體。一個是從高空看自己渺小的身影，以及從近處看自己的臉，最重要的是我進到一個巨大的光球裡，有個人形（像達文西密碼的畫那樣）在球裡面，他可以七百二十度的旋轉；球內部充滿了各式各樣的螢幕，有彩色也有黑白的，我看到自己在兩個螢幕裡面，是彩色的。

那一刻我明白了，那是高我（這是我自己的定義），我因為覺醒了，所以螢幕是彩色的。以前我經常會無意識的抬頭看天空，原來就是在看向這個光球；當我這樣做時，從光球內部的螢幕會看到我注視著螢幕，眼神裡發送著我的心聲，在光球裡的高我，能聆聽到所有來自於內心的訊息。在那次之後，我就真正感知到自己被守護著，只要我經常回到心裡，跟自己的心對話，高我就會聽到並給出回應。

☆確認神的居所

聽到「我們自己是神」這句話時，你是什麼樣的感覺呢？我記得自己的反應——當時內心冒出很大的問號，不知道怎麼接受這個觀點；也很不能理解，如果我們是神，那怎麼還要受到那麼多挑戰，經歷那麼多痛苦？為什麼沒有心想事成的生活，還要每天為三餐奮鬥努力？而且還有那麼多人在受苦受難？這些心中的提問，經過十幾年的探尋，總算有了讓自己心滿意足的答案出現。

現在的我認為，「神」並不住在天堂裡，而是時常進出在地獄和天堂之間，像個守衛一樣，守著想從地獄出來的人們。天堂和地獄中間隔著一道門，門裡門外就是天堂和地獄之分。天堂和地獄只是不同的狀態而已，甚至只是標準不同的空間，在天堂的人可能不一定覺得自己在天堂。隨著心境的轉變，天堂和地獄的門開開關關，在地獄看到的惡魔或許是神的化身也說不定。

無神論者更是如此，不用管有沒有神，反正生活就是生活，有神也好，無神也好，相信自己才是真理。這樣的論點也很棒，說穿了，人人有自己的信仰，在宗教內，在宗教外，皆是生命的選擇。

相信神會保祐人們，相信自己是因為犯罪才成為人，相信人會有報應，相信神會懲罰犯錯的人，相信自己就是神……這些都是人們選擇相信的生命樣貌，也是內在的信念。這些信念創造出精采的人生故事，只要相信，就會化為信念的力量變成現實，在交錯重疊中碰撞出美麗的火花。要是能跳脫比較對錯好壞的分界，那麼很多不必要的衝突就可以消除，相互共存中，或許能創造出不凡的文明價值。

回到自己的內在探索，是我對修練的領悟。因為沒有其他的學習經驗，我走在「一邊自己發現、一邊發現自己」的途徑上，最後發展出來這一套自己的方法和工具，目的只是為了活出自己想要的人生，實現夢想。

對於追求神通或是死後的世界，我個人沒有特別的想法或感覺，因此沒有往那個方向去追尋；我認為人生在世，目的是經驗，因此遇到人生的困難或挑戰，都是正常的，甚至在絕境中，才是最靠近神的時候。

在踏進身心靈領域之前，我認識的神都來自宗教，天使或精靈，頂多就覺得是卡通裡的角色，從沒認真的想過，更不可能覺得那是真的！我必須承認，新時代的思惟影響我很多，開啟我很多不同的新人生觀，引領我用完全不一樣的視野重建生命的架構，甚至在很短的時間裡就推翻了舊有的認知。配合著占星學的探索和體驗，我在人生谷底裡找到一絲絲的希望，正好就這樣安排連結上。彷彿是冥冥之中引導著我踏上這條道路，用絕境把我留在「只能跟自己共存」的世界裡，因此我才找到了神所在的位置。

神，對我來說已經從人物轉換成能力，從有情感的對象變成單純振動的粒子結構。經過了將近十五個年頭，我確認了這個真理，靈魂、大腦神經、意識與能量、量子物理學……這些漸漸重組成我對生命的理解。

很明顯的，神本來對我而言是位偉大的救世主，那是過去我對神的情感依賴，用人性擬人化了神，以為在具備的神性裡，內心能因此而有了依靠；於是當我覺得無助了、痛苦了，那個會安慰人的神就會出現；我覺得自己做錯了，那個會懲罰人的神也會出現。我在自己想像模擬的神裡面，存取我所期盼的回饋和回應，那是我內在的信仰，舊有的信念。

直到我從靈性幻象中覺醒，我才能從情感依附的層次離開，不再用人性的弱點來祈求神的力量。我明白了，過去對神的描述，來自於人性本身建構出來的意識能量；也因為相信，所以我在相信我所以為的神，我也把自己本身的力量交託在我分離的思惟之中，架空了自己，也架空了生命本身的力量。

希望有信仰的朋友們不要誤會我在否定神，事實上從古至今，神一直在傳達著同樣的訊息：「我們跟神是一體的。」這不是概念，是真理。神活在我們的心中，我們的心裡怎麼看待神，神就是我們所看待的模樣，一點都不假。

⊙跟自己的內在斷了連結的人，會經歷到什麼樣的人際關係？

跟自己在一起是很重要的事情，要是失去這個連結，你就會活在他人的世界裡，像是寄住在別人家一樣，得不到歸屬感，於是會拚命的想證明自己的存在，想被重視與肯定。這與上面那個情形有點類似，比較不同的地方是：前者以自我的感受為主；後者則以他人的感受為生活的重心，總想要博得他人的歡欣，想得到他人的肯定，想知道自己在別人心目中重不重要，依附在別人的感覺裡，沒了自己。

學習愛自己，守護自己的心，是累積內在力量的基本功。就算全天下的人都不愛你，你也不能拋棄自己。愛自己並不是表面功夫，我們生命裡最有價值的「心」，需要被關注與守護，這件事無法假手他人，只能從自己做起。在你無法守護自己的心之前，內在空虛的感覺會一直出現；這並不是要你去找他人來愛你，而是在提醒你，要回到自己的心裡面去。

可是一般人並不理解這個訊號，把空虛感投射到外面的人際關係上，這時候相互吸引的兩個人，往往有極大的可能性是帶著空虛感的，雙方都期望從對方身上得到慰藉。這種心靈空虛的假象，穿上愛情的外衣，被當成了真愛，在激情過後，空虛的真面目出現，才發現彼此都無法滿足對方的情感需求，於是裂縫就會出現。

這是大多數人和愛情相遇的狀況。經過時間的考驗，彼此共同經歷的事情愈來愈多，這段關係才會進入真正的愛情粹煉中；千錘百鍊後，雙方仍能守住這段關係，就算表面看起來不完美的相處模式，這裡面可深藏著靈魂美麗的約定。

我們的身邊一定有每天鬥嘴的夫妻，表面看起來互相挑釁，但是他們的關係裡卻充滿信任，這是他們相處模式，是相當真實而緊密的連結。因為各自的生長過程和價值觀不同，處理和面對事情的態度與方式，自然不可能一樣；不管是佳偶或怨偶，都有需要從關係上學習的課題，否則不會在一起。

關係存在的價值與意義是在「當對方的鏡子」，幫助彼此從對方的身上看到自己。「信任」的課題一定會在關係中出來擾人，真實的生活事件會讓表面看起來親密的關係產生裂縫，而重點就在於，修復這道裂縫，是用包容、體諒，還是莫不關心；在一件又一件的考驗中，兩人的心是否能一如往常地緊緊守在一起，就看每個當下的選擇。我們以為的完美伴侶，除了表面上的和諧外，重點是在後面的發展，這部分不用我多言，一定有人比我更熟悉八點檔的劇情。

人世間的愛恨情仇到底有多麼令人目眩神迷？一次又一次來到這裡，總是渴望再度體驗深刻又深刻的悸動和感動，在那個振動裡，靈魂獲得深度的滿足（感受是靈魂的語言和糧食）。在創造裡，愛的層次是否會有不同的樣貌呢？人和人之間的愛，人和神之間的愛，人和自己呢？

你是一個有愛的人嗎？那份愛是從何而來呢？

當你付出愛的時候，這對象是否也包含了你自己？

你從愛人當中體驗到的感動，是否來自於你有意識守護自己的心？

＊關係存在的價值與意義是在「當對方的鏡子」，幫助彼此從對方的身上看到自己。

你明白，只有懂得愛自己的人，才有能力真正知道如何愛人嗎？

愛，並不是一味的給予，相反的，有時候給出考驗，也是一種愛。愛不只是心中的感覺，即使沒有感覺，也是愛的表現和樣貌。如果你能在有生之年，確立自己對愛的認知，那麼此生的收獲將會無可限量。在人的愛裡，在神的愛裡，在你的愛裡，都有不同的樣貌。特別是在創造層次中的人，愛又會有怎麼樣不同的展現呢？

在信任中的愛，是人類世界最深切的渴望。追求永恆不變的愛，可能就是緣自於此，靈魂深處的企盼。

⊙我自己是怎麼建立內在信任的呢？

回到二〇〇二年，那時的我正處於人生谷底絕境之際，與其要說懷疑，對於水淹到鼻孔、即將無法呼吸的人來說，能抓到什麼就是什麼，根本連選擇的機會都沒有。我用水淹到鼻孔來形容當時的處境，一點都不誇張！歷經幾次這樣的經驗之後，我得到了答案：在最深最黑的谷底，有最實際的真心，在沒有選擇的情境下，信任是僅存於內在的力量，是在所有的外在力量都消失之際，我僅存的珍寶。只有在我相信希望和機會是存在的，才會繼續往前走；如果沒有這個基本的信任，我便是對自己下了「放棄」的判決令。

這是我對信任的領悟。人只要還有其他的選擇，就不可能給出絕對的信任，就肯定會有所保留，「信任」跟「絕對」是共存的一體兩面，在信任的世界中，只會有一個答案出現。所以賽斯最經典的那句名言「信念創造實相」，是很貼切的真理！

「信任」跟「懷疑」分處兩個世界的極端，中間的灰色地帶相當廣大，從懷疑走到信任，會花掉好幾輩子的時間。當絕境和谷底被安排在生命之中出現，隱含了潛意識裡的某些面貌，渾然天成的機會，讓信任的力量嶄露出來，往後你會感謝這個機緣，見證到強大的內在力量能成就出什麼樣的人和事。

靠自己的力量走過絕境和谷底的人會明白一件事：沒有什麼事情過不了關！這就是「信念」。在最深的黑裡，即使是微弱的光，也能如太陽般耀眼，那道光可以比擬為心中的希望。一個具備堅強內在的人，從他的人生故事就可以看得出來，愈多波折和挑戰，就愈能鍛鍊出堅毅的心，每經歷一次，就愈加堅強。

我知道大部分人都不喜歡起伏的人生，可是為什麼沒有人是完全順利的呢？為什麼要製造出災難？為什麼人一定要承受那麼多粹煉和考驗？為什麼不能人人都活在天堂之中？這些靈魂深處的吶喊，曾在我最谷底時出現，從心中發出的聲聲吶喊被聽見了，我因此而體驗到所謂的回應！

二〇〇三年冬天，外面下著大雨，我坐在往返南北的和欣客運車上，隨著心情在筆記本上寫下了幾個字：

神，是不存在的，無聲無息無影無蹤，
看不到，摸不到，世界上根本沒有神。

當時的我，剛跟孩子分開。坐上車，行走在高速公路上，淚流滿面，不知道自己為什麼要過這樣的生活。心很疲憊，身體很累，看不到未來，看不到希望，也見不著道路，像窗外又濕又冷的氣候，我的心也降到冰點。淚水斗大的滴在紙上，因著淚水，在迷濛的視線下看著筆跡漸漸模糊，接著我繼續寫下幾個字：

我，化為千千萬萬的人，在你凝視人時，你看到了我。
在人們望向你時，我看著你。
我，在你心動時存在，在你傷心時存在，在你開心時存在，在你深睡時存在，
在此時此刻，與你同在。

這段話，讓我的淚水更狂妄恣意地滴下，那種無助和絕望的能量，一下子被勾動出來，止不住的抽搐讓旁邊座椅的旅客感覺不自在。這是我第一次看到回應，第一次在書寫中見證到內在滋養，第一次感覺到「神」的存在，第一次知道「神」住在心中……

這段記憶一直在我心中。深深記得我與自己的神相遇的時刻，在我人生最谷底時，沒有人可以依靠、信任、陪伴時，我跟神做了第一次接觸，我未來的人生就在祂的陪伴和教導中走到現在。

沒有深夜的黑，微光不會顯亮。往後的歲月中，當我看到學員們正走在人生谷底時，我明白那是最容易接觸到神的時機，是最寶貴的時刻，也是生命即將展現神聖力量的轉捩點。我會帶著淡淡的微笑和溫暖的眼神看向學員，在心裡祝福著，並向我的神說：「他準備好了，請牽起他的手，帶領他和內在的神相遇吧！」。

跟內在的神相遇，並不是終點，而是起點，是一條打破頭腦世界的征途。路上會遇到各式各樣的挑戰，那是由頭腦世界創造出來的，沿途就是不斷地選擇；對自己內在的信任有多少，考驗就有多少！懷疑如果是你的本質，那麼在你完全信任自己之前，需要打敗的敵人，就看你怎麼選擇與創造了。

當我們更深地往內看進去，會發現一個事實：無論你有多少懷疑，你的內在都具備信任的基礎，因為你信任自己的懷疑！最終你會覺悟，知道「信任」才是我們真正的本質，「信任」能成就所有事，「信任」是構築在想像和物質世界中的橋樑，接通夢想和現實的門。

夢想與現實之間有多大的差距呢？未來會發生什麼事，無人知曉！可是我們知道，沒有一種人生是完全順利的，也沒有一種生命是不精采的。並非一路飛上青天的好機運適合所有人，我們看到的別人，有令人羨慕之處，也有令人驚嚇的內情，這些如果沒有回到自己身上來看，就會像是聽人生大道理那樣，沒有真正進到心裡面；一旦開始進行某些事情，拋諸腦後的大道理，就會變成事實來挑戰著你。

若能反觀自身問問自己：目前是否有想要改變的地方？有沒有渴望什麼樣的未來？那麼在到達目的地之前，挑戰和困難一定是沿路會看到的風景，這必定會經過風景點，是肯定會停下來的驛站。如果你現在正經歷著某些現實的考驗，往「信任」的方向去找，往我們自己裡面去探索，找到了之後，或許問題跟困難會自動迎刃而解，而你根本不需要做什麼，只需要學習而已。

內在信任力量強大的人，能衝破所有難關，因為信任讓他看見，困難只是假象，是要學習的提醒，阻礙只是頭腦裡的認知，是因為經驗不足，頭腦給出的判讀。認出這些訊號，足以讓一個人免除很多不必要的過程；在外人眼中，你像是平步青雲直上雲霄，而只有你知道，自己衝破了多少難關，這是你心裡明白的事。

或許不一定每一個過程都是以真正的現實事件出現，然而你的內在經歷了些什麼轉折和過程，在深夜裡左思右想，最終做出決定之後，要面對和承擔的結果，在他人的眼中是看不到的。這是內在堅強的人會經歷的過程，相較於內心脆弱的人，事實上也只是「信任」的力量用在不當之處而已。這樣的人會有些性格上的特質：像是喜歡找人訴苦，沒事就喜歡把抱怨當樂趣，一點點狀況就寢食難安焦慮，或是總需要一大堆人的觀照和關心，時時刻刻都要有人在身邊陪伴，無法跟自己獨處……這些有的是生活習性，有的是性格，但都會導致內在變得軟弱。

前面我提到，當人生走到谷底時，其實是最靠近神的時刻。要是沒辦法自己度過那段黑暗期，在神還沒出現之前，就先找人解決和處理，那麼你又會再度離開神，將好不容易遇到的機會推出去，也同時將信任和依賴給出去，就要再等下一次的機會來臨。

訴苦，是大多數人經常會做的行為，特別是女生，為了要受人呵護關懷，經常把小事變成大事。這種無意識的能量宣洩，會讓自己失去很多力量，在遇到困難時無能為力。

人生之所以會有「考驗」，目的就在於粹煉出本來具足的內在力量，要是沒有發揮出來，就會愈來愈承受不了生活中的各種狀況。現今社會各種精神疾病就是這樣來的。人生，誰沒有經歷過困難，有人因此成功，有人失敗，是命？是運？還是選擇？

我一直在探索自己，每前進一段，就會將自己的收穫分享出來。在經過很長時間的考驗，再次印證很多前輩祖先們的傳承與領悟，最最最具代表性的就是「信任」。

過去我無法接受「人生當中所有發生的事情，都是自己創造出來的」，沒有任何人會去把未來想得不好，更不會有人想要遇到困難或不好的事，特別是在遭遇人生巨變時；要是這是自己創造的，肯定會惹惱許多人。但是一次又一次，我在問題中發現問題的真相，在困難中找到困難的根源，在障礙中和自己的性格特質相遇，都只剩下一個答案：信任！所有的考驗、鍛鍊都在測試我自己，我將信任放在哪裡，哪裡就變成事實。

神為我設計的信任課題，一開始就是惡狠狠地把我丟進絕境中，讓我在毫無準備的情形下給出信任的力量；在這之前，或許我有很多機會，可是我不懂這些道理和法則。在自我的世界中，想要有好的生活，又不想有太多改變，我沒想過有「好的生活」居然要離開目前的工作或環境，然後經歷很多改變，才有可能得到那樣的成果。

這是典型的無知。在二十幾歲的人身上，乍聽之下很自然，問題出在我自己想要的那個結果，以當時而言，是不可能做到的。我從未思考過，腦海裡的未來願景跟現今的實際狀況是否能擺在一起？就是單純的想，然後認為理所當然就會那樣；一直到發生不如預期的狀況，才從想像中醒來（這是一種覺醒）。

首先我的人性會去做一些改變和調整。歷經種種掙扎與努力，耗盡所有能量後，才開始認真進入另一層次的思考，我想不少人都有過類似的經驗吧！這是我人生中第一個轉捩點。在很短的時間內，我離開了工作五年的高薪職場；在家人跟同事眼中，我做了個令人不解的選擇和決定，卻沒有人知道，我是在自己相當混亂的情況中才這樣做的。

那時我的內在有一種「很不想繼續這種生活」的念頭，不停地冒出來。由於不清楚那是什麼，自然而然就會被那股力量驅動，可是又不知道去哪裡？本以為是太累了，休息一段時間之後就可以再回到從前，沒想到後來的發展卻把我帶到另外一個世界。直到現在，我才漸漸明白，那個時候我心中的未來願景，是需要付出代價的，我不可能用原來的自己實現夢想！

得到什麼，失去什麼；付出什麼，成為什麼。我失去的是付出的代價，我用這個代價得到想成為的自己！過自由自在的生活、不用每天上班打卡、不會有業績壓力、能夠到處走到處玩、想買什麼都不用考慮別人……這都是當年那個自己曾想過的，只是我不曾想過要付出的是這種代價而已！

☆讓自己合一

最渴望的永遠都是最珍貴的。想擁有更多，又不想失去原本擁有的，那麼我們就要

＊得到什麼，失去什麼；
付出什麼，成為什麼。

明白，自己是否有這樣的心胸與格局。當我們不是原來的那個人，身邊所有的一切，也不可能會是原來的模樣。在曾經狹隘的想法世界裡，我對自己生長的環境以及無限可能的人生同樣設限，但那是我的無知。回頭年近半百的過去，積累下來的人生經驗，成為我最寶貴的價值，才深刻領悟到，生命這回事，玩的是什麼把戲！

我認為每個人心目中都有個陌生人，是期盼也是懼怕的對象，如影子般跟隨。人們用很多種說法來形容這個存在，有人稱為本我，有人說是靈魂，有人說是鬼魅，有人稱為神……我們也在不清不楚中，跟這個存在劃清界線，然後自以為是的不斷在探索，卻沒發覺到，這兩個世界一直沒分開過。有太多描述讓我們迷失，有太多形容製造了分裂，有太多制約框住了樣貌，最真實的也只有一個答案，就是「自己」而已！

我們以為在跟神對話，是跟自己！

我們以為在聆聽教誨，其實是自己在說給自己聽！

我們以為在向他人學習，其實學到的是自己的判斷！

我們以為說給別人聽，可是在說出來之前，自己先聽到！

我們以為在教導別人，事實上自己要先學會，並落實在生活中！

我們以為給他人的建言，極大可能自己是要先執行的對象！

我們以為害怕的事物，只是一種想像，更大的部分是本來不會發生，然後經由我們自己的力量造成的。

每個人都有的本能，就是化想像為現實。用專業的語言說是「創造」，說白話一點就是「想的都會變真的」！而且還不需要特別鍛鍊，是輕而易舉的就能達到！一定有人覺得懷疑，先不用探討的太多，只要稍微檢驗一下：好事很難，壞事常到；愈怕的事愈難閃掉，愈想要的愈難得到。這裡面有機關，可以說是祕密，也能稱為法寶！

你相信什麼，就會發生什麼！當我每一次問學員，真正想要的人生是什麼時，大多數人都沒有很具體的答案。但是我換個方式問時，答案就相當明確：「你最不想要什麼？」這裡面有很清晰的指引給我們：你相信的，為什麼都是不要的呢？相較於你想要的，卻模糊不清，為什麼？不是有很多教導說，要看清你的意圖嗎？奇怪的是，大多數人從最初的起點就失焦了！

我們裡面的那個陌生人，最常在十字路口出現，因為影子一定不會在全黑時存在，也不會在日正當中被看到。在不知要往何處去時，影子就會冒出來了，總是貼在一旁，讓你看著另外一個自己。你玩他，他也跟你玩；你不理會他，他自顧自地存在；你靠邊，他靠牆；你坐下，他也模仿……長期以來我跟影子捉迷藏，花了很多時間跟精神在探尋，卻不知道，眾裡尋他千百度，那人卻在燈火闌珊處。

在不清不楚間，我用自以為是的方式了解，對於神，對於心靈，對於宗教，對於信

＊影子一定不會在全黑時存在，也不會在日正當中被看到。

仰……從書中、他人口中，想像著、模擬著以為前進，遇到困難時才明白還在原點；以為在修練，其實只是說著心靈語言，卻還活在頭腦幻象世界；在沒有經歷強大撞擊前，自認受到守護與保護……後來才明白，這一切都是自己，即使我本以為的守護，也來自我的意識。

我想起因車禍喪生的父親，少年得志、中年喪志的他，可能不只一次在深夜拖著疲憊的身軀，心裡無數次吶喊：「為什麼我的人生那麼失敗？什麼時候才能成功讓家裡的妻兒大小過好日子？」也可能忙碌了一天在回家的路上，心裡無數次吶喊：「我好累了！什麼時候才能休息？」沒有關切父親內在的我們，直到他過世時才驚覺，生命的盡頭來的那麼直接！

一九九五年父親離世，我向人、人生、生命、靈魂、神、宗教、信仰提出挑戰，懷疑神的存在並不是為了保祐人的平安。這個念頭將我推進到身心靈的世界裡，沒有退路，也沒有其他選擇。

在父親的事件中，我可以解讀成另一個令人感動的故事：他用生命的代價完成女兒的夢想。如果沒有那個意外，我不會對生命有另一種想法；如果不是突如其來的那麼讓人措手不及，沒有今天的我。但我相信，絕對沒有人想像得到這兩者間的關聯性。話說宇宙中沒有意外、隨機、巧合，所有的一切都是最好的安排，或許就能用來解釋我與父親的靈魂約定。

要讓生命有神聖性並不難，可以為每件事冠上令人動容的情節，重點是，為什麼要這樣做呢？單純的交通事故處理裡，看到的只會有肇事責任、受害家屬的悲痛，以及賠償的事宜等等。選擇用什麼角度和身分來判斷，決定了我後來的人生發展。

沒有憤怒、沒有疑惑，就沒有足夠的能量推動，改變也不會很大，那父親的過世就只會成為我人生中的一個遺憾；對於父親的離去，留在我心底的結論，充其量只能在這裡，卻無法轉成禮物。我給了事件不同的解讀，從這個說法裡，遺憾中添加了對父親的感謝，不會只有肇事賠償的公平與否；在感動中，我也讓自己的內在相對提升，消除對神、神明、人生、生命和人的憤怒。

如果我們願意這樣做，就成了真真實實的神聖創造者，由我們自己來定義，由內而外的將神聖本質落實在生活中。這是種選擇，在悲傷之餘唯一能為自己做的事，至於別人怎麼想，根本不重要。我希望父親死後到美好的世界，就必須打從心底相信父親一定能夠在那裡，於是我賦予了這個神聖給我心目中的爸爸，如此我就肯定了他的偉大。

我相信的是心裡的力量，能夠把父親送到天堂的，也是這樣一個意念。每當我這樣想，就能很明顯地感覺到心底的暖流。不管原生家庭中我跟父親的關係如何，我用心的力量療癒和修復，滋養內在這個代表陽光的角色，在未來的人生中，我能源源不絕地產出正向能量，幫助我渡過和超越種種難關與困境。

這份禮物是我自己送給自己的選擇和決定，分享給大家，當成這本書的第一個禮物。期盼「信任」的種子能就此種在每個人的心田，在後面的章節中漸漸發芽。

6

經驗

是人生最有價值的教材

學習他人的經驗，能增廣見聞，開擴心胸與格局。

向自己的經驗學習，能獲得智慧，並走在真理的道路上。

在知識取得容易的時代，上不完的課，學不完的東西，好玩有趣的事物，豐富了生活的樣貌，也增列了很多機會來擴展經驗。對靈魂來說，好像到了大觀園一樣，在這次短暫的生命之旅，就可以獲得過去數十輩子都無法擁有的經驗值！

靈魂知道所有一切，就像電腦一樣，只要Google，就有答案，唯一不同的是：當靈魂擁有了身體，就有機會將知識變成經驗。在深度的渴望中，意識的能量顯現為一個有物質身體的人，來到這世界，目的就是「經驗」，在經驗中印證了所知，在經驗中修正所知，在經驗中重建所知。

☆「用心」在生活中每個時刻

向經驗學習，就能將經驗的能量轉成智慧；以度量的方式描述，一個智慧抵上數十、數百個經驗值。因此「用心」在生活中每個時刻，「用心」去感受發生在自己身上的事，

＊靈魂知道所有一切，就像電腦一樣，只要Google，就有答案，唯一不同的是：當靈魂擁有了身體，就有機會將知識變成經驗。

「用心」去向所有發生的事學習，你這一生的提升，就足以讓靈魂來回轉世無數次了！

我的座右銘：「最偉大的導師是生命本身。」對我而言，生命就是神，生命中有無數的經驗可以發生，在經驗中有愛、有夢想、有悲傷、有痛苦、有開心、有成長……說不完、道不盡。所以我認為，神的愛就是經驗。當我們拒絕某些可能性，是否同時也拒絕了神的愛？當我們因為害怕、恐懼而不願去嘗試新的生活，是否懷疑神的存在呢？

不管有神論或無神論，沒有任何一個人不需要靠自己的力量走完人生的道路，即使你以為有神的守護，那也是因為你內在有信任的力量。當你放棄自己時，神也救不了你。

如此我們又得出了一個結論：人的裡面有神，神的力量在每個人身上！我們有自由意志選擇經驗，也有機會拒絕。或許有些人生際遇並不是你想要的，但必須承認的一點是：絕大部分的選擇權是在自己手上的。

或許有人認為，出生的環境和背景決定了大部分人的結果，然而我們也都看過，不少出生條件差的人如何成功的故事。有相當多感人勵志的故事，不只讓人感動，更能激勵人心，你是自己人生中唯一的主角，其實握有很大的權利和力量，只是不知道怎麼用。

我相信，只要人們知道物質世界運作的原理與法則，力量一定會漸漸回到我們身上。

改變，其實並不難，如果真要說挑戰，通常是人們對自己「這樣做是否能得到想要的結果」有疑慮。這是大多數人會產生的想法，有人選擇試試看，有人則是觀望，看事情的

＊最偉大的導師是生命本身。

角度決定了後面的發展。

生命的禮物通常都是送給有勇氣給自己機會的人，觀望的人就要碰運氣，看看碰到的是哪一類人而定。真理從來都不曾跟經驗分開過，只有真實的體驗過，才能確認所知。但在資訊爆炸的時代，人在還沒有真實的體驗之前就被資訊洗腦，不是被強行置入了他人的感受，就是被錯誤的引導，於是漸漸失去了真實的判斷。

人的五感是為體驗而生，特別是成長學習階段，若是一味只在知識的層次學習，所習得的不管是什麼，都不夠完整。

被知識架空的學習管道，是目前教育失敗最嚴重的缺口。教的人不一定是會的人，學的人最多也只能到達知識面，幾十年下來，就看到結果了。跟社會、現實脫節的人愈來愈多，無法對社會產生貢獻的人更多，學校最後只剩下發學歷文憑的機關處所，而非培養人才之地。

有為數不少的人入社會之後，不見得從事學校的專業，這樣的人愈多，愈突顯教育的失敗。在人生學習成長的精華期，卻只有拿文憑學歷；然後進入社會之後，一切從頭開始，浪費了多少人生歲月，也粉碎了不計其數本應有的夢想。因此，學校老師看不到學生的學習熱情，對人生目標可有可無的態度，同時吹熄了教與學兩方的生命力。社會現象裡的分數萬歲，就像成年世界的現實利益，上一代傳給下一代的，除了自己拚命求生存的示範外，還留下了什麼給我們未來的社會支柱？

從小培養孩子勇於接受挑戰，面對失敗，從經驗中學習，必須從父母本身做起。沒有實際體驗過的事，不能認為自己是大人，就一定判斷正確；要是能跟著孩子一起學習主動參與，就是值得孩子學習的典範，讓孩子跟父母相處時，就在以身作則的環境中成長。這是為人父母可以努力之處，在整個教育體制尚未完整前，為自己的下一代盡一己之力的責任。

在人生經驗中遇到的狀況是最實際的，而不是頭腦模擬的虛設演練。孩子跟大人在不同的時代、環境成長，自會有認知上的差異，除了教科書以外，生活中可學習的事物也相當的多；一個只會唸書的生活白痴，肯定會在職場上輸給懂得生活的人。

多元的社會發展，人的需求也不斷在進步，過去擁有一項專業的人，可能是無法立足的，但是同時學習太多東西又消化不了；唯一可行之處，便是在生活中，將學習的態度延展到每個角落，就能培養出凡事學習的精神。當小孩大人都這樣做，我們的社會不改變都很難。

人們必須從耍嘴皮子的名嘴文化離開，才不會活在別人的價值觀下被擺弄。沒有親自參與其中，卻能說得跟真的一樣，如此的世界，人們難道看不出來，其中充滿了什麼？混亂沒有根據的也能成為事實，有事實根據也能被推翻……現實與真理間的鴻溝愈來愈大。人們要自己從這當中覺醒，不再隨波逐流，一窩蜂地跟著空洞的意識走，回歸到真實的本質生活裡，那個幻象世界自會瓦解崩塌。

挑起戰爭的言論自由，築起人和人之間的牆，無由的製造恐懼讓人人自危自保，表面上看起來好意，卻造成人們封閉了心，把信任收藏在最深處，導致相互攻擊、自我保護，長期下來，連舉手之勞的幫忙，都要達到奇蹟的等級了！和諧的社會是靠人與人之間相互信任建立起來的，只要有人認為，必須看到別人的真心才願意付出真心，那麼這個社會永遠都走不到真正的和諧。

但人性終究是離不開本能，患難中見真情的機會開始愈來愈多。因為舊體制的改革，一定會有受到波及的無辜者，共同扶持渡過難關的時期，又能將封閉的心打開，這種循環一直存在於人類的歷史中。

世界的脈動愈快，人心的轉變就愈大；為了適應外在環境的變化，人的極限會被開發出來。潛在的能力是無法想像的，因此，人類絕對能在倍速成長中的時代中，走向高度進化的文明世界。

愈艱困的情況愈有機會，脫離舊的體制後，新世界、新社會需要很多有想法有夢想的人投入其中。從古至今，未來一直都掌握在人類自己手上，在真實的經驗中一步一步腳踏實地的創建，不久的將來會是美好的。

☆無時無刻存在的創造

尋找新的生活模式，其實就是創造。就好像：現在流行什麼？這個流行可以是由你創造出來的，也可以是他人的創造。媒體、網路、自拍、直播、科技3C……現代人生活模式汰舊換新的比率愈來愈高，發生在各行各業中。過去可能要一年才能做到的事，現在可能一天就能完成，並且還在加速中，沒有跟上這個節奏的人，只能默默地接受成為創造改變下的犧牲者。

試著想想看：當人人都知道怎麼創造時，這個世界會是什麼樣貌？用舊的思惟模式來解讀快速改變的現象，有人會認為是產業的危機；對於跟得上改變速度的族群，就會是一種新的趨勢。同樣一種轉變的過程，因為看待的角度不同，採取的行動也會製造出不同的結果和未來。

一個創造者永遠都會走在最前面，能走得多遠、多寬、多廣，就看創造本身的選擇。複製或模仿不會出現在創造者的身上，愈多人知道如何創造之後，創造的世界就愈精采，當然挑戰也會愈大。

創造的法則運作，是不會將感受考慮進來的。帶著預先準備好的感受去迎接創造，很容易失望，因為預先設定好的標準破壞了無限可能的機會，也讓你的創造不是創造，而是複製。

有幾次創造經驗之後，就能體會到一件事：當你以開放的心迎接創造，不管結果如何，在你認出那是自己的創造瞬間，所產生出來的驚喜，會超越你的設定之外。創造的空間來自於你的允許，這跟你的信任、勇氣、氣度、格局、視野有關；示現在物質世界中的每一件事，都在印證著那個創造者是什麼樣的人。如果每次都超乎預期之外，也同時代表了你的內在所擁有的真實狀態。

讓經驗沒有設限的開展出來，維持在最純淨的狀態中，才是創造驚人之處，總能帶來驚艷。用開放的心迎接創造的實現，因此創造需要有想像力，願意讓自己有更多不同與改變。

大多數人剛開始進入創造的階段，會經歷到一段混亂期，因為還不清楚創造運作的細節與程序，再加上還有舊信念系統需要重建。這並不是件容易完成的過程，所以大多數內在力量尚未完整的人，會退回到療癒的層次裡（四次元）繼續做清理和釋放，等準備好了再重新出發。

從物質世界進入到心靈，再從心靈回歸到現實，這一段旅程可以說是奇幻之旅。每個人對過程的描述和體會不同，其間的距離天差地遠，直到從心靈層次覺醒，我才見識到生命的另一種樣貌。回過頭看以前的自己，會有種奇特的感覺：原來如此！
為什麼要學會面對情緒和感受？
為什麼需要有強大的內在力量？
為什麼一定要經歷重重的考驗和挑戰？
為什麼內在信任那麼的重要？
為什麼要連結高我？
為什麼要鍛鍊敏銳的覺知力？
為什麼要保持專注？
為什麼要書寫？
為什麼要經歷過療癒？
為什麼必須一次又一次地推翻過去的自我？
為什麼要不斷地努力提升，卻又重重落下？
為什麼神的居所是心？
為什麼要從「無」意識到「有」意識？
為什麼要從關係中看到自己？
為什麼要重建新的信念？

為什麼要認出投射的能量？

還有很多的為什麼？？？？？……

這麼多的修練，寬恕、慈悲、包容、允許、接納……都曾是我頭腦裡知道的名詞。以為知道就代表一定做得到，沒有將思言行對焦在同一個頻率上，被頭腦的幻象欺騙，直到現實的挑戰出現後，那個深藏的自己才終於露出真面目，在面對和處理事情的時候原形畢露。

我是在靈性層次覺醒才接觸到創造的法則，所以當我開始分享時，出現的對象，通常都走過不算短的療癒階段，而且心中已經出現了「我還要療癒多久？」或是「我怎麼永遠療癒不完？」的疑惑。我發現這樣的人其實對自己的心靈狀態或多或少都有某些程度上的理解，對情緒和感受也能覺知到部分，或是可以用內在運作的模式和語言來溝通。所以我得到一點點小結論：進入創造層次的人，可能需要覺醒的基礎！

而且從這些人當中，我特別觀察到一個現象：這是準備好要脫離舊劇本的人，靈魂的課題差不多接近完成，只差在最後階段用創造法則做銜接而已。以人性的說法是，已經厭倦了療癒的模式，想要經驗到其他可能性，靈魂準備好要從舊迴圈脫離了。有人稱這個為揚升，具體是什麼，沒有人能說明白。

我以自身的經驗來分享：可以有意識的為自己的人生編寫新劇本，是否就代表這個靈魂能活出內在智慧，不再被舊有的設定限制住？因為已經透徹地明白，用舊信念所創造出來的世界是什麼模樣，在未來的道路上，創造必能有一番不同的風貌；再加上療癒的學習，靈魂放下了糾纏已久的執著，終能在這一刻，連結到生命的源頭。

在療癒階段裡所使用的方法，目的都是在將障礙去除，這樣內在的力量才能發揮出來，這些障礙顯現在各種不同的面向上，裡面的學問更是艱深。決定揚升的靈魂，都要走過一段療癒之路，這樣才有機會從靈性幻象中覺醒，並將靈性能力轉變為生活，更重要的是這個靈魂已經能夠擺脫舊有的認知，願意朝不同的世界前進。這些說法都是取用心靈圈子熟悉的模式，沒有接觸過身心靈學習的人，可能無法明白我在說什麼。

我曾有過一個迷失，以為修練的人是天生有什麼使命，才會踏上修練的道路，對生命有更深的了解。事實卻不然，很多人在運用直覺，很多人對自己的內在有足夠的覺知，許多人有敏銳的觀察力，甚至完全不知道身心靈圈子，腳踏實地用心過生活的人比例相當高。這麼多人不用學習「什麼是靈性」，不會使用心靈圈子的說法，卻是道道地地的實踐者，這對有靈性傲慢的人是很諷刺的。

如果能夠試著放下特有的角度，用開放的心去看，其實會發現到，我們自己錯誤的眼光投射在外界的習性，滿口心靈話語，行為卻像門外漢。於是當我從靈性層次覺醒後，開始決定走進人群中，用更謙遜的態度向人們學習，看看大多數人都用什麼方式來說、來做、來看。這世界有需要我們的地方，更有我們需要學習之處。

心靈老師可能就是因為對自己太不了解，所以設定一個劇本，為了要真實的看到自己的真實面貌，選了「心靈老師」這個標籤貼上；為了維護這個標籤，做好標籤上的人物角色，必須要更深入、更嚴謹，透過他人的眼光和期許，讓自己在這次的生命旅途上走向內在的自己。這說法裡沒有審判的意圖，單純只是自己的體會。

拿掉傲慢之後，發現自己原來什麼都不會，只是很會說而已。於是「落實」才是考驗，說什麼都要落實，說什麼都要在真實的頻率上，說出來的一定會發生在自己身上。這確確實實的挑戰，就是「心靈老師」要走的路，偏離了，現實就再崩塌一次，困境一次比一次難，而且全都要靠自己。把這種修練完全編進劇本裡，是逃脫不了的設定。我不只一次在心裡這樣問自己：為什麼我要為自己編寫這樣的故事？我的靈魂倒底想要經驗什麼？

所幸自己經過一關又一關，保持覺知的面對所有發生的事，就怕一個不小心的閃神，又要重來一次，沒有把禮物收齊，下一回肯定更痛更大。我警醒自己，無時無刻都要在覺知中，每一個創造都會實現的前題下，我必須認真地管理好自己的想法和念頭，更要觀察自己出現的反應，維持在穩定的頻率中前進。

☆把知識化為經驗

感動，一開始我們知道這兩個字，這是知識，而不是動詞，所以不能稱為真理；因為沒有感動的經驗，於是當靈魂想了解感動時會有什麼樣的反應時，就會帶來一個能產生感動的事件來體驗，這是靈魂最原始的初衷與渴望。

對「知道」卻「沒經驗到」的事物，靈魂會抱持著高度的振動到來。當一個人習慣固定不變的生活，長期下來，靈魂深處就會枯竭，只剩下頭腦裡的慣性模式在運作，日復一日像機器人般過日子。失去了生命力的生活，反應出來就是身體的病痛、生活的困苦、現實的挑戰……這些都會發生，目的就是改變，從一成不變中脫離出來。

在經驗中，任何苦難都會過去，即使再怎麼難過的關，最終都會成為一段回憶，像塊貼布貼在時間的線上。沒有人能留住時間，會留下來的只是記憶，如此而已。

當你放鬆，不急著去解決問題，能夠靜下來跟現實的情況同在，一一檢視這個問題跟自己的關係，將問題寫下來，用書寫三部曲（人類新操作系統）一層一層地進入到意識與信念的層次，就能明白為什麼了！當你這樣做，你在細緻化自己的經驗，你在有意識地提升靈魂對經驗的領悟與滿足感，並從中獲取智慧；於是，一件事之所以發生，因是什麼，果是什麼，都在你的意識裡！

有意識地經驗每一件事，人生經驗成為累積智慧的素材，就能治癒內在的匱乏，養成實現物質的能力，也就是心想事成！

有一種狀況，相信不只我會遇到：為什麼上那麼多課，學習那麼久，知道的也不算少，碰到事情發生時，還是一樣「破功」？對自己、對他人，我都觀察到這個現象。一開始我以為是課程的內容出問題，所以總是在修正和調整；一段時期後，同樣的狀況依然存在，於是我就去請教學員，想了解他們曾上過什麼課，學習過什麼？

聽著聽著……突然驚覺，為什麼大家修練經驗比我豐富，還要來上課呢？這是什麼原因？是覺得自己不夠好，還是有其他特殊原因呢？或許是自己開始關注這個面向，我後來找到的答案，除了是內在自信不足之外，還發現，因為內在匱乏，導致不斷透過向他人學習（吸收他人的能量）來填補內心的空缺。但這些都還不是最嚴重的，最最最令我感到需要調整的是「落實」。

學習任何事物，如果沒有真正化為經驗，只能停留在知識的層次，甚至無法變成內在的力量，即使上過再多大師級的課程，也是同樣的結果。一個人之所以來到有身體的物質世界，最主要的目的是身體力行地去經驗，這也是靈魂的渴望。不管多厲害的老師，都無法代替你經驗靈魂設定好的學習課題。

導師，只能發揮出引導的功能，除此之外，別無其他。如果沒有認清這一點，以為透過能量好、頻率高的人就能少吃點苦，或是免去考驗，那麼你可能要早點從這個層面覺醒！如果有某個人告訴你，跟著他就可以一輩子順順利利，或是幫你去除「業力」，你可以去試試，最後你會經由這個旅程醒悟，明白生命的根本在自己身上。

所有稱為老師的人，也是生命的學習者，同樣有需要再成長提升的功課，並非「老師」這個角色就是完全正確，或已經到達完美的層次。特別是心靈成長的老師，和學員之間，通常都存在著比家人還深的共業，學生只是一種角色，扮演心靈成長老師的反面教導者，真正在學習的是彼此，而不是單方面的需求。為人師者如果也沒有認出這是生命的協定，那這劇本就跟一般的愛恨情仇沒兩樣，都還在問彼此「情為何物」，只不過是用師生關係這個題材來呈現而已。

這是我的觀察，也是我對自己的覺醒。放下「教」，就能「學」，唯有如此，才能不斷成長提升，然後持續分享自己走過的道路。這樣的角色是傳承者，落實在生活中，用經驗引領想共同參與的同行伙伴。自己不斷提升是很重要的根本，當你停下來，就失去這個角色的存在價值，因為你不是唯一走在最前面的人！也不一定是唯一知道前方道路的先知。

我自己是個喜歡在生活中實驗的人，沒有讓我真正體驗過，無法說服自己，更別說是教導或分享了！躲在虛擬面具下的生活終將會累，所以我選擇自己先面對；一次又一

＊放下「教」，就能「學」。

次，活在真實世界下的自己愈來愈亮眼。

我回想第一次面對時的恐懼，以及現今所換來的美好禮物，無論用什麼來交換，這無價之寶只有我明白！用真實的方式呈現自己，是帶著巨大禮物的挑戰。

每個階段的我，愈往內探索，愈會發現更多不同的自己；在一層又一層剝去自以為的我後，蛻變出各種面貌，某天突然發覺到沒有包袱的自在。對比過去努力活出集體意識價值觀下的人生，不僅重新塑造了自己獨特的小成就，更超越了傳統角色的設定，不在大家都一樣的世界中，學著大多數人以為的幸福過生活。至少在我的心中，能「真誠」，坦誠的活著，是無可取代的價值。

☆ 將經驗與意識連結

生活中每時每刻都在經驗，一輩子都沒有分開過。保持著意識覺知活著，相對於大多數處於漫不經心的狀態，這兩種世界有極大的不同。如果你從未接觸過任何身心靈課程或書籍，可能無法理解這個意思，但我覺得要了解並不困難，凡事總有個開始，或許當你第一次練習時，就會愛上了。

＊用真實的方式呈現自己，是帶著巨大禮物的挑戰。

你一定觀察過別人，特別是你在意的對象。在你的觀察下，如果對方並不知道你在觀察，跟對方知道你在觀察，這個觀察結果一定不同；反過來說，當你漫不經心時，有很多事情同時在發生，只是你不知道。因此當你開始保持覺知觀察自己，你就從漫不經心的世界進到豐盛無比的境界。

「被觀察者」會改變，這是每個人天生的反應，知道「被觀察」的那個人，一定會有變化。先不去判斷這當中的差異好壞，在觀察下，「變化」是永恆不變的結果！因此當你想要離開舊有的模式，你只要做「觀察」這件事，就必定會成功地獲取到「轉變」。

你想要改變的愈多，那麼就只要擴大觀察的範圍；你想要改變能夠持續，那麼就把觀察的時間拉長，改變就會因為你的觀察而延續下去。對完全沒有修練經驗或基礎的人來說，這會是相當有效能的方法。

將經驗與意識（你的觀念）連結起來，可比擬為抓到物質世界運作的法則，你獨特的邏輯在觀察中產生作用。假如你更想進一步，未來你將知道怎麼去顯化自己的心願，不會在情緒和感受的世界迷失，反而更能享受人生，創造無限可能的經驗給自己和靈魂。

經驗，具備最密實的力量，能夠化腐朽為神奇。藉由你對自己的領悟，物質世界的發展將掌握在你瞬間閃現的念頭上；經驗不足的人，需要付出很多代價去取得，花錢上課買他人的經驗心得，但那只能用在某些地方，無法成為你自己本身的能量。只有你真實擁有的實際經驗，才能發揮出想要的結果。

很多人不清楚自己內在經驗不足的真相，以為跟著別人做同樣的事，就會得到同樣的結果；可是當你開始這樣做時，才發現別人可以，你卻不行！為什麼？

靈魂與靈魂之間有個協定：當你做一件能讓那個人靈魂提升的事，從靈魂深處給出來的感恩與感謝，會加倍地回饋到你身上，形成現實社會中的機運。因此，在學習累積經驗的過程，就是在創造那些能量，你可以稱為實習；有機會可以讓你累積經驗，那是福報，有時候你需要主動為自己創造機會，來加速經驗值的累積。

當你的靈魂感到滿足時，你顯化財富的能力和速度，會超越頭腦的想像，用非傳統的方式到來，就像是天上掉下來的機運一樣，讓你瞬間踏上夢想的快速列車，也可以說像是握了個魔法棒在手中！只不過，這時候你又會面臨另一個挑戰，就是：不敢相信這個機會，是真的還是假的？

如果你什麼都還沒開始，就有這樣的機會，那麼對你來說，這是個考驗；如果你已經辛苦努力了好久，那麼對你來說，也是個考驗！前者跟後者間的差異會是什麼？讓我們回到根本來探討。

當你的經驗足夠，就能在實際運作上表現出來；經驗不足，也會在運作過程中表現出來，這是活生生血淋淋的真相。每個人對自己的夢想都抱著高度的期待，有個好機會出現，除了欣喜若狂外，在回到現實後，要看清自己的實力，機會是給準備好的人的。要是我們能夠明白這個真理，那麼就能了解到，開始一個計畫或夢想最真切的事實，其實是另一段人生旅程的修練。

我在探索自己的道路上十多年，直到最近才漸漸感到，自己有不少的經驗值，遇到不同狀況，多數都能理解並找到方法解決，雖然我自覺仍有許多需要學習之處。

感謝成長過程中回饋給我的每個人，在印證的旅程，我是在經驗的層次通過測試與考驗。誰是主考官？當然是人生這個最現實的審判者！

人，想遇到好人好事，每件事都希望順利。有困難挑戰出現，其實只是沒有照著計畫走，或是不在預期中發生而已，並非就是不好的事。大多數人都被慣性和掌控欲主導著，人生本來就沒有所謂的順利或阻礙重重，在這兩者之間，參考值也就是舊有習性認知的判定，以及事情不在掌握中的情緒反應。若是可以用更高的位置和視角來看待所有發生的事件，當成是種指引或啟示讓我們學習，或許會看到另一種可能性與樣貌。

☆ 思想就是旅程

以我成立公司的經驗來說，公司剛成立初期，什麼都不懂的姊弟妹三人組，又要行銷，又是包裝寄貨，又是會計兼總務，還要學習商品設計、市場策略規畫，每樣都要來，每種都要學，免不了心煩氣亂。對不熟悉的事物，第一沒把握，第二不知道從哪裡開始，更不清楚狀況；該做的沒做，需要做的卻完全空白，這對修練多年的人來說是最現實的考驗了！

在一次整理獎金計算發放時，老妹終於耐不住煩重的事務發牢騷了，她說：「為什麼這個要我們來算，應該是交給負責的人來處理，我們只要把錢撥給他們就好了，不是嗎？」因為這會牽扯到公司的稅金，以及每月報表統計。我聽著她的抱怨，心裡可以感覺到她的壓力。第一次面對那麼龐大的金額，沒有經驗的心情，以及那種對不熟悉事物沒把握的恐懼，怕算錯了讓公司虧錢，自己承擔不起。就在那樣的情緒裡，負面、不舒服、焦慮、緊張的心情所產生出來的想法，正在把她帶到一個地方……

我耐著性子聽，觀察著她說出來的每一句話。我可以選擇站在她的立場說話，然後安慰著；即使這樣，她依舊要完成這些繁鎖的事務，滿懷著不舒服的心情去做。另一個選擇是把我們平時學習的知識拿出來用，我說：「不熟悉的事物來到面前，就是學習的機會，如果照著剛剛妳的想法，看看我們會得到什麼結論，這個思惟將把我們帶到哪裡去？」

我繼續把自己心中的想法說出來。首先，目前煩人的事情是個挑戰，因為不熟悉，所以沒把握；大腦裡不斷發出不能確定的訊息波，是在提醒我們要慢下來，然後才能建立起新的連結，需要一點時間，讓我們有耐心一點。但是我們沒有認出這個提醒，習慣掌控一切的習性面對到無法掌握的情況，本性裡的情緒就會上來；我們如果沒有保持覺知，很容易就會被這個情緒帶走，然後以不理智的方式處理，終究敗給了這個挑戰，而且也失去了學習的機會，以後相同的事情我們還是不會，最終這仍然是我們無法掌握和超越的難題。

因此，冷靜地思考看看：依照那個情緒化的想法來處理事情，會把我們帶回到原點，什麼都不會，讓發生在面前的事件成了他人的責任和問題。順著這個邏輯發展下去，結局會是什麼？

我刻意讓自己用溫和緩慢的口氣和語調把心中的想法說完，當時我知道這裡面有很燥動的能量，需要平穩下來，才能有轉變的機會。

現在把自己的心情平靜下來，帶著學習的心，有耐性地，慢慢地去做，其實並不是完全不會，只是因為不熟悉、沒把握，大腦發送出無法掌控的訊息波。這種情況下的你，在對自己生氣，覺得能力不足，怕把事情做錯了。

然後依著你的意識流繼續往下想，判定影響的層面太廣，承受不了後面可能導致的負面結果，於是壓力出現，從你的想像中誕生的壓力、焦慮、恐慌，就開始在壓榨你的精神和體力。

回想看看，日常生活中有多少次類似的狀況不斷重覆？在你的想像中，一直在製造的預想，其實根本不是你想要發生的事，但是為什麼要花心思在這些不想要的可能性上？與其要這麼做，多花些精力和時間在你想要的發展上，不是更好嗎？如果「想」會成真，那麼你要怎麼「想」？如果「想」不會成真，那麼表示你想像的擔憂也不會發生，根本不需要去準備，不是嗎？

所有發生的事，都是因為我們的創造，而且幾乎都是在無意識中胡思亂想出來的，只是沒有記錄，沒有保持覺知，所以不知道這些跳動的思想其實已是未來生活的藍圖；再加上你給自己加入的恐懼和擔憂能量，立即達到可以實現的臨界質，從不可能變成可能的造物主就是你！

認出自己思想的方向，然後從情緒的能量場中抽離出來，確實不是件容易的事，必須要有足夠的覺知力。我知道對剛剛開始練習的人來說，光是要認出來自己的想法，就是個不算小的挑戰；當然，從情緒裡出來是第一步，你需要給自己時間練習，把覺知培養成慣性，漸漸用覺知來運作思想，你就能掌握自己運用思想的力量，創造出內心渴望的現實世界。

當你在覺知中產生出來的想法就是意識，跟無意識、胡思亂想的思想不同；所謂的潛意識，其實就是指無意識覺知中的思想。只要你經過鍛鍊之後，讓保持覺知成為習慣，那麼任何情況下出現的想法，就會轉變為意識的能量，具備顯現為物質的特性，剩下的就是達到臨界質這件事而已。

隔了一天，老妹果然做好了，心情一整個輕鬆之後，嘴邊掛著「愈來愈愛自己」這句語；我從她臉上的笑容和散發出來的光彩，知道她克服了心裡小我的恐懼和自我的限設。經過這樣有意識的鍛鍊，她對自己又多了份自信。這是日常生活，也是修練的舞台、如實的挑戰。

在很多修練的學習中，落實教導一直是很多人在努力的地方，但是我卻也同時在很多修練者身上看到極端的兩種現象，而體會到一個真理：修練或許只是一個形容詞，重要的是心態，能夠時時刻刻保持著自我觀察的視角，覺知自己的一言一行、一舉一動，不把手指向外，凡事回到自己的內在，找到根源與核心，然後找到禮物，就有扭轉現實的能力。

用心學習不是口頭蟬，而是實際的行動，在態度上、在行為上都是。要是我們知道要對所有來到面前的人事物抱著學習的心，那麼所有的事情都是智慧，也是生命的禮物與啟示，於是就沒有解決的需要，只要學會了，事情會自動落幕。這是我十多年來深刻的領悟。

願意接受他人的建議，基本上是一種修養。所幸老妹跟著一起學習成長多年，一經提醒就能立即覺知，認出自己的迷失，讓他人的客觀協助從漩渦般的情緒場離開；當覺知力還不夠完整時，這是彌補缺口的過程。我相信如果身邊有這樣的人存在，是很幸福的，能夠守護著我們不會偏離太遠。

在思想的世界中，處處都有十字路口，覺知度愈高，就能認出每個選擇點；在下決定的那一刻，都是在有意識中所做的選擇，那麼就可以終止永無止盡的延續，也能立即就扭轉了未來的發展，終止一切重覆的輪迴！

☆在心靈層次溝通

吵架的爭端通常來自雞同鴨講，這真的是件很有趣的觀察。從前自己不了解，吵架吵得莫名奇妙，很難達到共識就算了，更別說是要求溝通的品質。明明講的是同一件事，也都希望事情能如彼此所想；但不知道為什麼，說的方式不同，或是表達出來的內容不是對方理解的，爭執就出來了！吵什麼？有時候是很好笑又沒主題的，純粹是發洩情緒或壓力的比例很高；也有不少機率是在以溝通為名，討關愛為實。

有九成九的人以為是在處理事情，卻通通都在個人感受的層次上，可以看出這個真相的人，就成了不錯的和事佬，只要找到共同想要的感受，令人滿意的答案就出現了。

人是感情的動物，這句話一點都不假。就算是對的事情，只要感受不好，就有瑕疵；是不應該的行為，要是能帶來好的感受，也會被接受和認同。這可以從很多人與人之間的相處互動上找到證據。像是媽媽對孩子的寵愛，孩子想吃速食，明知道這樣不行，可是一想到小孩開心的笑容，還是走進店裡去了！

人性的世界裡是最沒有邏輯的，感受決定大部分的事情。完全理智的人會被當成怪物；自認理性的人，其實運作的機制也有相當個人化的判斷。

爭執，表面聽起來，公說公有理，婆說婆有理。或許有人會覺得，那是個人觀點不同，也可能是立場、看事情的角度、身分等等的原因。可是有趣的是，我後來才發覺，也許完全不是以上幾點，有極大的可能性是兩人的內在運作不同，在對話的兩人，腦海裡有可能出現的畫面或想法，是完全不相干的兩回事！

最常見的是夫妻之間的案例：老婆說的是感受，老公說的是事情。老婆談這件事的目的是在表達感受，不是要解決；老公的目的在於解決事情，認為解決了感受就會變好，所以只要幫老婆解決了，就是對的。於是當老婆在描述時，老公會很認真地聽，看看問題是什麼，然後再找解決之道，沒想到聽了半天，完全沒有重點，聽久了沒耐性、不耐煩的表情就出來。

老婆不知道自己做錯什麼事，就想：為什麼老公就是不了解？只是想要說給老公聽，又不一定要幫我處理，怎麼好像很累很煩！

老公的角度：講給我聽，又不需要我處理，那我是什麼？沒有幫老婆的能力嗎？你的問題只要照我的方式就解決了，不想聽我的意見，又要講給我聽……

我相信這情況應該不陌生。也許不一定發生在夫妻之間，家人、同事、朋友都會遇到。溝通是門藝術，聽到話語底下真正想傳達的內容，的確是需要時間來練習，說的時候怎麼說，聽的時候怎麼聽。再仔細想想，好像從小到大，能找到聽得懂、還沒說就知道什麼意思的人不容易，卻遇過一大堆還沒講就被人誤解的情形！

在心靈層次溝通，就不會發生這種情況嗎？嚴格來說：是的！

心靈的層次有幾個原則：

· 耳朵聽到的話，是我們自己的內在本來就有的想法和感受，藉由他人的口中說出來！

・說出來的話，通常是講給自己聽的。

以前，我覺得這是屁話！後來臣服的原因是我對自己的觀察：每次一覺得自己做的不好，馬上就有人來指責我；每次生氣，都是心裡已經有不舒服的情緒，然後被某人或某事激發出來的。

所以我給自己做了個實驗：把心裡的想法、感受記錄下來，遇到事情時，就回去翻自己的紀錄。驚人的事實讓我無言以對，完全顛覆以往的認知。本覺得自己的心只有自己知道，從來沒有想過，外面的的事情會跟我的心裡想什麼、感覺什麼有關。這個發現改變了我很多，我對自己的觀察上了癮，記錄對自己的觀察，變成生活中讓我覺得很有趣的事，若要談修練，我認為此刻才算是真正的開始。

過去我也會靜心、觀察、練專注，但都是內在運作，沒有記錄起來，就等於沒有證據。情緒上來的時候，因為學了太多心靈的知識，總是用頭腦已知的理論先來指責對方一番，忘記了那些教導和學習，自以為講著身心靈的語言就是比較懂的一方，甚至還會驕傲地自圓其說，接受來到面前的一切……事實上，我的內在有股傲慢卻不自知。

記錄幫我除掉了傲慢和無知，也練就出書寫三部曲，在清晰的意識中將心靈和生活連結在一起。在生活修練中的心靈，其實說穿了，就是把內在運作的行為模式拿出來，具體地去探究內在的種種舉動，並找到跟現實事件的關聯性，就會一步一步地了解，心靈與物質世界是如何搭配成我們的人生。

修練並非是個名詞，必須做到的事情有很多，像是：專注在自己的同時，觀察自己是最基本的動作，觀察自己的情感流動，觀察自己的起心動念，觀察自己與他人一來一往間的起伏與變化，觀察自己對什麼樣的事情會有情緒反應，觀察自己的身體反應……這些都是心靈成長課程在教導的。

當你明白心靈是這麼一回事時，你肯定會對自己有完全不同的解讀與認識。這並非奇怪的行為，就如同你在看別人一樣，別人也在看著你，從看的位置轉變為觀察，最大的差別在於主觀與客觀。

從自己的標準、條件、原則來看一件事，通常那個看的行為裡，都會有判斷、評論與定義；從觀察的位置就不一樣了，觀察只是觀察，像掛在角落裡的攝影鏡頭，沒有加了判斷、分析和定論。看到什麼？觀察到什麼？同樣一件事，會得到完全不同的答案；同樣一個人，會有天地之差的發現。

當兩人的對話過程中，只要有其中一方加入了心靈的觀察，就能很直接地改變溝通的頻率，對話內容會調整到同樣的速度，發展出來的對話效益，也會從頭腦框架式的內容轉換到真誠的感受上。要是雙方都願意站在觀察者的位置來互動，那麼更不可思議的收穫就會出現，讓彼此成長提升。

而我有無數次的機會可以觀察到他人的對話，旁觀者清的視角，為我帶來更不同的啟發和領悟。我最常觀察到的現象，就是甲還在上一個話題，乙可能已經結束上一個話題！可是兩人都還在說，只是各說各話。

甲：「嗯……我大概知道是這樣，所以才會……」
乙：「那天我們要去哪裡找什麼東西？」
甲：「如果這次我再不做些改變，下次還是又這樣……」
乙：「現在可以直接過去，等一下我開車，直接到那裡碰面哦。」
甲：「要去哪裡？」
乙：「去上次說的那邊啊！」
甲：「我不知道是什麼地方？」
乙：「啊！怎麼不早說？」
甲：「我從頭到尾都沒說我知道。」
乙：「是嗎？那你剛剛在說什麼？」

甲：「我說的你都沒聽進去嗎？」

這是最典型的雞同鴨講，我最常觀察到的，大概都是類似的狀況，嚴重點的還會當場吵起來，不然就是進入一段沉默中。這種情況看多了，就會有種領悟：人，真的都活在自己的想像中！就算人在身旁，也不見得會是在同一個世界裡。在學校的時候總是被提醒要用心一點，那時侯有聽沒有懂，一直到進入身心靈的學習，知道人的內在有另外一套與物質世界不同的運作機制，才真正理解到什麼是「用心」。

曾在一次醫學大會聽到專家們的分享，提到心釋放出來的能量是頭腦的六百倍。把這個研究運用到日常生活中的話，是不是只要用到心，就可以事半功倍？相反地，用頭腦的模式運作，跟心比起來，就顯得事倍功半了！我馬上又開始了實驗，想試試看事實會不會如此。

我找了一個目標，是頭腦想出來的。因為沒有很強烈的想要，再找一個很想要、可是頭腦的邏輯上覺得有困難的。我同時放這兩個目標，想看看會如何？結果第二天首先出現的是跟第二個目標有關的訊息，我當然很快就連結上了；而另一個目標仍被我關注著，只是一忙起來很容易忘了，要時時刻刻提醒自己。結果真的要花我比較多時間和精神，才有一些薄弱的跡象，甚至都還會有不確定的感覺存在。

所以我就明白了，原來是這個意思！要很努力的做是一種選擇，除此之外，還有其他方式。能夠學會使用心的力量，可以讓生活品質變得更好，不管是工作上、家庭關係上、健康管理上、財務規畫上……通通可以運用。

回到溝通的主題上，「對話」占生活中很大的比例。長期對著機器的人，在遇到人的時候，不知道怎麼表達；長期在跟人互動的，不一定能理解或感知到對方。溝通不良有極大的可能性並不一定是在立場、觀點或性格上，更大的機率是發生在自己跟自己第一層的溝通上出了問題。

「對話」是種修練，從他人口中聽到教誨、訊息、提醒和啟示。某人來到我們面前，說了某些話讓我們聽到，甚至有時候，對方也不知道自己怎麼會突然講出這些話。如果沒有空修練，像是打坐、靜心、練功之類的，那就從觀察自己開始，你會進到另一個新世界中，看到你自己另外一個面貌；要是願意再花一點時間把觀察記錄下來，你的收穫會更大。

頭腦清晰跟明心見性指的是同樣一件事，當你可以清楚地「觀察」到自己頭腦裡的點點滴滴，你的內心一定是清徹的，因為那要相當有耐性的人才能做到。

人類對身心靈的探索，一直進化到如今大腦的層次，走了好長好久的路。幾千年來，我們以為的修行歷史，傳承下來的方法和紀錄，或許已有數萬年是我們不知道的；在無

＊如果沒有空修練，像是打坐、靜心、練功之類的，那就從觀察自己開始，你會進到另一個新世界中，看到你自己另外一個面貌；要是願意再花一點時間把觀察記錄下來，你的收穫會更大。

數個明天裡，更巨大的真相如朝陽般出落在人間，透過各種不同領域的人去發現和印證，到了普遍成為家喻戶曉的生活常識，是一條不算短的道路。宣導宣導再宣導，在嶄新的蛻變中跟舊有框架打鬧，事實上沒有所謂到達的那一天，只有存在著持續前進的必然。

現今我們已經可以有簡單、易懂、輕鬆做的方法，能讓人們輕而易舉地從生活中就取得真實的經驗，不需要大費周章地，修練數十、數百年才能達到的境界，可能走路、書寫、放目標就能做到。很多人抱著懷疑的態度，無法相信：過去用數千年不變的方式，能夠如此就做到嗎？卻又不希望回到舊有的生活模式中，以苦修渡日。

人的思惟裡，有矛盾、有衝突。希望是真的，卻又不相信可能是真的，很明顯地就是頭腦和心的戰爭；頭腦裡的東西因為速度快，所以沒有經過訓練專注的覺知，很難抓到瞬間出現又消失的念頭。

我曾思考過，為什麼那麼多大師，數千數百年來傳承下來的方法：靜坐！一直流傳到現在，最主要的原因是什麼？結果目的就是這個：高度覺知和專注。

☆成為引領自我進化的內在科學家

我的經驗或許不一定會發生在每個人身上，這個過程只發生過一次，我也沒有想過要再次去經歷。在二〇一二年量子物理學被證實後，我才第一次聽到關於「量子」這個名詞，那是一年多之後的事情了。物理化學分數超爛的我，根本不可能去接觸這些深奧難懂的東西，所以當時我也真的不知道「量子跳躍」是什麼？我必須承認，這些特別的經歷帶給我相當多不同的體悟和明白，對我往後的人生影響很大。

我從心靈的角度，一下子跳到意識粒子創造的領域；從感受神的愛，進入到大腦神經元、量子力學和書寫應用落實的國度。這種完全的脫離，不只是身心靈領域的教學，連我的生活、工作也都完全從頭再來，直到讓我可以運用自如。花了一、兩年的時間，才整合出高我內在教導的內容，開始朝自己之外的生活圈實驗，看看其他人是否能用同樣的方法改變人生。

有幸的是，在二〇一三年，我取得好幾百人正向的回饋，於是【人類新操作系統】正式被命名和出版。在這期間，另一條全新的道路和旅程自動展開，體現在我自己的人生，同時也證實了這個方法能通達創造層次的入門。

其實從科學的角度來解讀，在量子場中的粒子，什麼也不是，不僅沒有我們以為的大慈大悲，也沒有惡魔存在，因為這些都是粒子而已；但有趣的是，粒子卻可以成為任何事物，在加上了意識之後，就有了萬物，也就是說，萬物的樣貌是來自於意識的顯化！

有意識，代表在覺知中，在覺知中代表著專注。有意識的做任何事，有意識的想任何事，指的都是保持在覺知中，只要再加上一個位置：「觀察者」，那麼人就可以無限可能的運用到意識的粒子，創造出所有事物。包含「神」的存在，也是經由意識而顯現成一種存在。

自古以來，人們想像偉大、有貢獻的人死後會成為神，會到天堂去，還會來人間保護我們，像是救世主般的重生，這些也都是意識粒子所創造出來的，是真的事實。然而再更深究其中，會發現，這些故事都是內心對情感需求的包裝，神會生氣憤怒，因為有人做錯事，這樣的神跟人有共通性，就是人性！

在人的世界中，最宏觀的神，只能停留在那樣的認知裡，因此對愛的理解就僅止於此，生命的可能性不但受限，帶罪之身的意識粒子，又如何能創造出神聖的人呢？即使在很多神的經典裡，都不斷地強調佛在心中、神與你同在、你是神的化身……這些教導像耳邊風一樣，有聽沒有懂，用自己以為的敬意來崇拜自己以為的神，但真相卻是：這世上只有一個存在，那就是自己。

人來人往的街道上，放眼望去，怎麼會只有我一個人？這是我腦海裡曾出現過的想法。漸漸地我明白了，所謂的「只有我一人」的真正意思，指的是：我用著自己的想法來判讀所有人事物；我以為的別人跟真實的那個人，可能是完全不同的；我根據自己的標準來衡量和選擇，也依照自己的條件與要求來跟所有人事物相處。

當我因為某個人的一句話而不舒服時，表面看起來是那個人導致的不舒服，靜下來思索後，會發覺到，那個不舒服其實一直都在，是我們自己把心裡面的感覺投射在那個人身上。那是由於沒有習慣去觀照自己的心情，等到某件外面發生的事情引動了裡面的感受時，被帶到表面上來，變成情緒的反應，才有機會看到潛藏住的自己。

當我用某個角度來看一件事、一個人，我們就在塑造那樣的人與那樣的事，所以我們聽不進別人的解釋，看不見事情的真相，只在自己所塑造的世界裡，執著又堅定的「自以為是」在過日子。很有可能，而且極大可能，人一直都是這樣過的……直到有一天覺醒了，從自己的感覺裡突然跳出其他的感覺，從自己的情緒裡醒了，從黏膩的情感中跳出其他不一樣的反應，從不斷循環的想法裡脫離出來，有了另一種想法出現。

這都是覺醒，只是層次和層面不同，因人而異，沒有對錯，也沒有好壞，只是單純地從你自己的裡面，產生出一種跟過去不一樣的感覺、感受、情緒、想法、認知！這個出現可能來自於，某個人跟你的對話而被激發出來的觀點，可能來自於某個戲劇畫面情節的刺激，可能在不久之前一個文章裡的字句……這些像是種子被留在心中，你平日的各種喜怒哀樂，都是澆灌這些種子的養分，直到發芽了，你的轉變就發生了！

就像經常覺得自己不夠好的人，最初就是在心裡這樣不斷給自己「不夠好」的能量，每想一次就加碼一些；當「不夠好」這個種子發芽了，就遇到他人對自己的指責與要求。好笑的是，當別人說出「不夠好」這個字眼時，你有可能相當地傷心和痛苦，你以為是那個人導致的，卻沒有發覺，自己早在「最初」時就一直這樣對待自己，只是自以為沒人知道的內在運作而已。

長期在心裡自責，那種感覺是習慣性的，不自覺且經常性地在心裡面自我要求和批判，於是當有人提供建議時，就會認為他人在說自己沒做好，即使他人沒有那個意思，聽在心裡也認為對方就是在指責。

憶起自己曾在一開始聽到這個論點時的反應，那時候的我無法接受這種說法，可是卻必須承認，自己心裡真的是自我要求很高，只要沒有達到標準，裡面的懊惱和自責一定會產生，只是我總以為，這是每個人心裡面都會有的情形，不是嗎？所以不會把別人對待我的行為，跟自己對待自己的內在運作連在一起。我心想：為什麼我怎麼想會跟別人有關？自我要求是每個人的基本態度，我當然可以要求自己，他人不一定有資格；假如對方是自己不喜歡或討厭的人，那更不可以……哈哈！

我真的明白了，我怎麼對自己，他人就怎麼對我；我懂得肯定自己，就能得到他人的肯定。我要求自己，他人要求我；我自責，他人指責我……

我在心靈圈子十多年，一開始接觸的是療癒，過程中談到很多靈魂或靈性的課題。

＊我怎麼對自己，他人就怎麼對我；我懂得肯定自己，就能得到他人的肯定。我要求自己，他人要求我；我自責，他人指責我……

花了五年的時間，發現到一個茫點：大多數人來到教室的目的是「取暖」，在外面尋求不到的認同與肯定，在這裡可以得到。於是教室成了一群人情感慰藉的舒適區，雖然表面看起來在學習，更真實的是那個相互取暖的感覺，我相信如果彼此的感覺不好，進到教室學習的效能也會受到影響。

我在這些年的觀察和學習，了解到，教室就是最真實的修練場，這些人會聚在一起，都是有因緣的。情感的糾葛和靈魂的課業，在那幾年讓我學習領悟到「問世間情為何物」，看懂了人性對情感的需求和習性，沒有那五年的粹煉，我無法完成情感的課業。當我明白了之後，就從心靈的幻象中清醒過來，終於知道所謂的情感是什麼了。

情感，是情緒和感受的綜合體，情緒是感受的包裝紙；很多人用情緒來隱藏真心的感受，感受只有自己知道，情緒卻是他人可以看到的。在喜怒哀樂底下有酸甜苦辣，我們的笑容裡有心酸，淚水中有甜蜜；我們在生長的環境裡學到把心包起來，不輕易把真心表露出來，卻又渴望能遇到真心誠意的人。

試問我們自己：一顆封閉的心在遇到把心打開的人，是否會相信對方是真心的呢？把心打開的人遇到封閉的心，又會是怎樣的八點檔連續劇？我認為親密可靠的關係建立在雙方內心真實的交流，彼此都把心打開後，會很自然地感知到對方，心和心在能量自然流動中，產生了最深、最真實的連結，即使相隔遙遠，也能相互感應到對方。

這聽起來好像很玄妙，是因為我們的教育和生長環境，沒有正面去了解人的內心是如何在運作的，才會有如此的誤解；要是人人都願意去接觸和學習，人的世界會少了很多傷害和災難。

因為防備性的自我保護機制，人與人之間渴望的親密只能停在表層，要是這關係裡還有金錢和感情的因素摻雜進來，可想而知，我們身邊可以看到的故事很多，結果也都在我們眼中。

當你開始去接觸心靈，你就踏進了另一個物質世界。心靈的世界並不是沒有物質，只是那種物質是以更細密的方式展現，而且運作在感受上，而不是五感的介面，看不到、摸不到、聽不到、吃不到，甚至感覺不到，只有感知到的人才會相信的世界。對於依靠五種感官提供信息和資訊的人來說，心靈的世界空洞又不實際，是無法被相信和依賴的。

然而人無論怎麼實際，心裡面就是會有反應，喜歡、不喜歡就是一種很實際的感覺，高興、開心、痛苦、煩惱、擔憂、熱情、積極……這些都是屬於內在感受的世界，與五感的世界相互重疊在一起，這是再怎麼理智的人都會有的自然反應；要是一直拒絕去了解和認識那個世界的自己，最後被反撲的結局，孤單、落漠、不被了解的心酸就會產生。

外在世界跟內在世界同處在這個星球上，眼中所見的表象似乎一樣，可是兩者對應和互動的方式卻截然不同。紛亂的社會、人與人之間的爭執……幾乎就是這兩個世界的戰場；反應在個人的層面上，意見、看法不同的爭論也是同樣的狀況。

人的內在有不同的層次，如同外在的五種感官一樣，我們的想法、感覺、心情、靈感、感知……外人看不到的部分，只有我們知道，都屬於內在世界。有人生活的重心會以外在世界為主，於是思考的方向、路徑都依照集體價值觀和模式在前進；不過他們還是有內在運作的機制，只是內在反應出來的訊號，沒有被當成主要的判斷基準而已。

心靈的成長養育出成熟的靈魂，經驗值會隨著心靈層次不同，而創造出更高水準的人生事件。這是一種雞生蛋、蛋生雞的循環。我們不去探究哪一個是起點，只要知道這是生命必然的運作法則，靈魂在人的世界取得經驗，累積成智慧，進而乘願再來，完成更多渴望和夢想，過程中再加進不同元素題材，如此繼續下去。

覺醒的時刻出現在某個經驗層次滿足之時，帶著意識覺知經歷人生，可比擬為認真努力活出成就的人，在一段生命旅程中留下豐碩的成果。精采的人生必定充滿挑戰，聽故事的人隨著起起伏伏的變化，勾起靈魂深處的渴望，下一個生命的故事就產生了……

示現生命的價值，活出生命的意義，經驗到生命的無限可能，跨越再跨越，突破再突破……靈魂沒有其他的意圖，就僅僅是這個目的，人類就可以重蹈覆徹數千數萬年！我們的人生故事，能不能帶動其他人產生對生命更大的期許？在你有限的想像中，何時會冒出不同的亮點思惟，刺激你做出巨大的跳躍？我所提到的這些可能性，都從內在運作開始，無論你是否將重心放在裡面，這是物質世界的法則。

任何事都從你「想要」、「真心想要」、「深切的渴望」開始，在你說出來、做出來之前，動機一定先從內在被點燃，再來才是執行面的設計與規畫。你可以想像這是一套規則，一個步驟一個步驟地前進，從最初的動機，到其中的落實，再到完整的結果。如果你從觀察者的位置來看自己，或許就能發現到獨有的模式，並且肯定會成功（實現最有力量的想法）。

失敗的結果也是成功的果實。或許你不理解這句話的意思，人生其實是一個在體驗思想的旅程，想的跟真的，不一定是同樣的事，你所想的，在還沒有成為事實之前，都只屬於「思想」的層次，只有當你用生命來印證自己，才能將道理變成真理；甚至初期那個真理只局限在個人的面向上，除非可以被複製在更多人身上，那個真理才能成為有力量的故事，引領愈來愈多的靈魂參與其中。

當你用自己的想法活出一段人生故事之後，最終會得出個結論，有滿意與不滿意。而成功指的是「你可以成功地將所有想法實現出來」，並不是指那個結果！對所有存在的生命而言，這是完全平等的權利，都在你的選擇上，你怎麼想就怎麼發生，以及怎麼經驗到！

7 印證

落實【人類新操作系統】

某日一位學員發訊息給我們，講述前一天睡前放「成為有價值的人」這個目標，結果隔天一整天都忙著幫助人。

先是幫同事處理事情；然後去超商買東西時，檢到一個很漂亮的髮夾，想說拿到櫃台去，走著走著迎面看到有個女生，直覺髮夾是她的，就走過去問，沒想到還真的是髮夾的主人，她不斷道謝；再來是走在馬路上，一位老先生在路旁差點被倒下來的東西砸到，幸好被她看到，才閃過了……那一整天發生的事件，讓她經驗到目標實現，但是她想經驗的是成功企業家的那種價值，而不是像這種幫助人的目標。

【人類新操作系統】裡的「放目標」實現的速度與方式，總是令人感到驚訝，只要真心想體驗，在有意識的狀態下放目標，直接顯現在生活中並非是難事。有挑戰的地方並不是實現，而是目標是否跟自己想要的一致。

大多數人活在被集體意識左右的價值觀中，因此我們的社會現象是最直接的民心體現。如上面這個例子而言，為什麼實現的不是頭腦裡以為的？是目標放錯了嗎？從這個角度來探討的話，可以說是認知上沒有對焦，而不是目標錯誤。

☆從觀察的世界提升

這麼多年來，我從觀察中獲得很多教導和啟示；觀察如果再加上覺知的意識，創造出來的事物能令人感到震驚，例如我在觀察中發現平行世界的存在。

有一天早晨醒來，心情特別好，精神飽滿，看什麼事情都很正向，即使是平常很討厭的情形，在那一天也都能平靜愉悅地面對和處理。另有一天早上醒來，就覺得胸口悶悶的，身體沉重，不想起床，也不想出門，沒有耐心，看什麼都不順眼，就是覺得煩。

我回想著自己在前一天晚上入睡前的狀況，觀察自己睡眠的情形，試著找出「睡前在想什麼」的記憶，但是實在太難了；抵擋不住自己的好奇心，我決心要開始記錄，我想知道，為什麼有時候可以心情很好地醒來，為什麼有時候會莫名奇妙地心情惡劣？

因為要記錄，所以我觀察自己睡前的想法念頭，這樣才能記錄；也因為在記錄，我同時開始記錄夢境、睡眠的狀態（當時還沒有現在的智慧手環），發現隔天的變化跟前一天有很大的關聯。我如果有事情在心上，就算入睡了，也會做夢，夢裡有些會跟心裡牽掛的事有關，有時會是連續好幾天的生活片斷組合而成。

漸漸地，早上醒來的時間，我發覺自己因為記錄而有了轉變，提早到大約五點左右，起來時靈感特別多，源源不絕。於是就把筆記本放在了床頭，一段期間後成了習慣。

神奇的是，我心情惡劣的機率變得愈來愈少，心情平靜的情況愈來愈常見，沒有刻意去做什麼，只是簡單地從記錄和觀察這兩個動作開始而已。我不知道這樣就是在轉變內在的頻率，也不清楚每天醒來就是一個全新的頻率，更不了解每個晚上的入睡和隔天早晨的醒來，就類似生命的重生一樣。

我如果想要在隔天有好精神，前一天就要讓自己的身心放鬆，然後在有意識中想著明天的計畫或要做的事，在喜悅輕鬆的頻率中離開身體。隔天醒來，我攜帶了昨天的記憶，連結回到新的空間，開始新的一天，其實那個身體也是新的，是由新的意識組成。

我知道了睡前的重要性，因此有意識地保持自己身心的平衡狀態。光是這個動作，我就在轉變頻率了。長期執行後，大腦神經元建立了連結，我不需要刻意去做，會很自動地上線，只要躺在床上，身體和心情會自動放鬆；除非有事情需要多費心去思考，否則明天一定都會如我知道的那樣醒來。

幾個月後，我翻著那些紀錄，本想整理丟棄，沒想到翻著翻著，突然明白了一件事：我在移動，有意識的移動。可能有人會覺得，這不就是轉變而已嗎？但是我為什麼用「移動」形容呢？因為在這些紀錄裡有某種關聯性。

我們對未來有想法，想法中有衝突和矛盾，左右為難，我在這當中做選擇，頭腦裡不斷模擬著，看似呆呆地坐著想事情，可是內在可忙了。心裡要的跟頭腦想的不同，心願永遠在向頭腦提出挑戰，頭腦永遠因為心願有執行不完的工作，忙半天，就只是自己在跟自己玩。累，是因為自己的盲目而起；壓力，是因為自己的迷茫而產生，不知道自己要的是什麼？是順著心裡的渴望行動，還是聽從頭腦的告戒回到舒適區？總是很難有個兩全其美的選擇！

每一種行為舉止和思想，都會連結到一個未來，因此在下決定之前，未來有著無限可能。因為如此，我發現了改變的動力和改變所具備的意義。隨著我的選擇和決定，我可能走進新的世界，接觸新的人事物，擁有新的生活和經驗；我也可能讓自己回到原來的生活，拒絕讓改變影響本來的一切。

轉變會讓我遠離舊有的世界，在我尚未準備好接受新事物之前，我有很高的機率會回到原來的那個空間。因此，我為什麼說是「移動」的原因就是：來自於一連串的改變，當我的改變沒有停止，甚至是有意識的去做改變，那麼我的轉變就會產生路徑，指引出我將把自己帶往何處，像是坐上列車出發到目的地一樣。

曾經，我認為改變別人是件很困難的事，所以只要把自己做好，別人怎樣，那是別人的選擇；可是當我有意識想要讓自己變得更好的同時，身邊的人居然漸漸不同了，可是我並沒有對別人做什麼事，沒有要改變別人的意圖，也沒有把重心放在別人身上。這種領悟讓我把觀察延伸到自己跟周遭的人身上。

我開始觀察自己白天的各種反應，心情、想法、反應……有空的時候就記錄，於是紀錄愈來愈多，我對自己愈來愈好奇，早上起床後的靈感多到寫不完，這是我從觀察的世界找到的樂趣。

在我的觀察中，看著過去熟悉的人事物，雖然都同在這個空間裡，卻又好像另一個世界般，不是漸漸變得疏離，就是完全變了樣；我的心也同時產生不同的感覺，頭腦覺得熟悉，心卻完全沒有感覺。這樣奇特的反應，起初讓我很不解：為什麼會這樣呢？明明才沒有多久的事情，怎麼覺得好像過去很久了！明明是每天都要互動在一起的朋友們，怎麼忽然間就不再聯繫？原來這就是平行世界啊……

另一種發現是來自網路、報章雜誌上種種的社會事件。資訊的發達，讓我們能立即知道全球的的動態，在認知上，那些事都是在地球上發生的；每天我們在電視上看到世界各地的新聞，對看新聞的我們來說，除非是發生在我們身上，否則可能就像是另一個星球發生的事那般。就好像同樣在高雄市，有三民區、左營區、新興區，我在螢幕上看到或知道了某件發生在高雄市的事情，而身在高雄的我卻不一定會一起經歷到。再加上現代科技的進步，經常看到的不一定是真相或事實，造假的事件可能都比真實的要多，我們沒有機會去驗證。

網路開通了時間和空間的限制，虛擬的世界比現實世界還要更真實。線上遊戲是一個世界，動漫人物是另一個世界，正在街上遊行的人是一個世界，在學校唸書的學生是一個世界……無數個世界重疊，卻不一定會有交集。

從日常生活中，我明白平行世界的意思，但這是否為平行世界的全貌，沒有人知道。對我而言，了解平行世界的存在，最大的好處就是：我明白了可以無限擴展人生樣貌的可能性。

從命運的設定中離開，一直是被認為不可能的事。說實在的，我也從沒有想過這件事。命運存不存在？有沒有神在控制著我們呢？我們的生命是否只能在有限的框架裡到老、到死呢？我曾想過，卻沒有很認真去看待，最主要是，我的成長過程還來不及讓我思索這個問題時，我好像就已經不在那個範圍裡了。

「信念創造實相」，相信了才能經驗到，我相信並喜歡平行世界的存在。有很多人執著求證，可是我不認為需要去證實（因為無法證實），相信平行世界存在沒有什麼壞處，就算不是真的，也沒有損失。人本來就是活在自己相信的世界中，我多年來的觀察，印證著這個實相；只要人相信，就算是假的也會變真的，當然那個所謂的假，指的是在想像的層次，而不是虛偽或欺瞞的事情。

物質世界的規則和想像的世界不同。在想像的層次，什麼都可以存在，什麼都可以重來，什麼都是真的，什麼都是對的；一旦進入到物質世界，規則就完全不同了。最主要的真相不是在物質世界裡，反而是思想的世界中。

當你在想像，你一定會當成真的，因為那樣你才會行動，才會去做，才會化想像為事實，才能將夢想實現，才能有行動力，才會有很多很多事情發生。想像老公有外遇，因為想像，可是還沒有證據，這時候光是想像就能折磨一個人，坐立難安，到頭來可能是虛驚一場，可是卻像真的經歷過了一樣！舉這樣的例子，相信每個人都懂，重點不一定是真的，而是在想像的時候，就已經跟真的一樣了。

想像自己夢想實現，也是同樣的狀況。往這個角度去觀察，就會發現，大部分的人都活在想像的世界中，真正實際經驗的人很少，能看懂事情本來面目的人更少，絕大部分人都用自己內在的情感投射在某個人、某件事上，看到的都是自己投射出去的那層包裝紙。

我記得很多年前在課堂上，我用一個手掌大的保麗龍球當例子，現場有很多張不同顏色的玻璃紙，一種想法代表一個顏色，一層一層把保麗龍球包起來。那個保麗龍球只是單純的一個事件，發生在不同的人身上，會產生不同的回應、判斷、解讀；後續的選擇與決定，通通都在這一張張不同顏色的想法上，你怎麼想就怎麼包裝，你怎麼判讀就怎麼發展。

未來，一直都沒有真正的定數，反而是我們自己，不知道握在手上的力量有那麼大，不清楚自己可以決定大部分的事情，不了解簡單的一個念頭會影響多大……這些都是很多人沒有覺知到的面向。

☆生活印證，印證生活

人跟目標之間存在著特定關係，目標可以比擬為另一個人物或身分的存在，是未來的自己；當一個目標實現了，你絕不會是原來的那個人。當然沒有人是不變的，差別只在於是自己創造出來的改變，或是被他人的創造改變。從現在的自己到未來滿意的自己，並不是簡單一個目標就能達到，特別是那個目標隱含著許多個人的需求、恐懼、期待、想像……通常這時候，那個目標的實現就不只是實現那麼簡單，甚至可以說是開啟了一段旅程，踏上變成另一個自己的未來道路。

所以，目前不是企業家的人，想要經歷到企業家那樣的存在價值，這是一條道路，而非一個簡短輕鬆的目標。假如沒有看到這個面向，那麼接下來可能會發生「有人想要合夥作生意」的機會，卻因為沒有覺知到這個面向，不僅放棄了，還不知道這是自己的創造。對於剛剛開始學習有意識創造的人來說，這種情形一定會遇到，所以透過書寫，才能具體的看見潛意識跟物質世界的關聯性。

自古以來，人們透過不同的修練方法和工具，想進入潛意識，催眠就是最被廣泛運用的方式之一。在潛意識裡，有很多想像不到、存在於另一個世界的我們，那個空間的我們，可以說是真實的存在，也可以說是虛幻的存在，既不在現實中，卻又深深地影響著現實世界的點點滴滴。在書寫裡，可以發現一個內在很深的潛在信念，只是沒有經由催眠的途徑，結合其他走路和放目標的鍛鍊，能製造出另一個現實的世界，最主要的關鍵在於「有意識」的執行。「有意識」是自由意志最有效能的運用。

有專家們做過研究，發現自由意志是不存在的。當我們以為透過自由意志做選擇之前，其實選項已經存在，才能行使選擇的權利；在什麼都沒有的時候，需要的選擇是創造出選項。現實世界有很多可以學習的事物，愈進化的文明愈多元，能夠學習的面向愈多，生命的可能性與廣度也愈無法想像。能夠在自己的領域發光發亮，實屬高度挑戰了，因此「看清自己」是首重的學習，知道自己愈多，就愈能掌握自己的人生。這是我對這個世界的觀察。

我發現，人的一生中有絕大部分都在摸索著，可是惟獨對自己的探索是有限制的，因為社會的結構、教育、生長環境、人文，都能決定一個人對自己的認知；在有限的認知下，生命的可能性所受的限制可想而知，從現今人類世界矛盾衝突無所不在的原型樣貌，就能窺出真相。

不了解自己，就無法真正了解別人，因為不清楚自己的判斷、選擇、要求、期盼、夢想……所以我在輔導學員「看見自己的內在」這個任務上，花了很多功夫和精神。期望有緣的朋友們能真實地看見自己之外，最主要的目的是：讓人們可以運用自己，使用自己，創造自己。

對於人們「發現自己」的欣喜若狂，我有種像上了隱的沉迷！融化在他們靈魂深處的笑容中，那種由內而外散發出來的振動，能激起我很深的感觸；動人的眼神和言語，一舉一動中改變出來的光彩讓我眩目，我渴望著那樣的光，持續不斷地動力來自於此。我從學員的蛻變中看到生命的可能性，在我的人生中印證著自己的創造，也經由學員們的故事印證著我對生命的信念。

隱藏在師生關係的表面下，包覆著造物主無私的允許。我觀察自己享受著這份殊榮，享盡生命帶來的丰采。並非只有我可以，所有生命皆同的禮遇，像是握在我手中的至寶。我渴望持續創造的生活，唯一的方式便是：我要持續創造，創造出渴望擁有創造力的人們。

創造之所以是創造，裡面有個重點，就是「從零開始」。最難的地方，就是人們無法跟「存在」劃清界線，無論是自己的現狀、過去的種種……大部分人一開始都努力地

＊不了解自己，就無法真正了解別人。

放目標，把曾經和未來，用創造築起一道牆。其實創造指的是：我們自己開始有意識的設定改變，而且，改變的層次不是事情的表面，而是根源，是屬於深度轉變結構的方式。

當我們從思想的頻率著手，進入到潛意識裡，一層一層地深入到個人內在的核心處，再把內心深處的渴望，逐次帶到表意識的層面顯現出來，這過程看似簡單，卻不容易。這樣做的好處是：讓學習者把亂了套的生活拉回生命的主軸，讓人生與靈魂設定的劇本回到提升的道路上，學習者可以在有意識的狀態下，引導自己走回到內在核心處，回歸最真實的面貌。

人人都想要心想事成的能力，「心」在想什麼？「心」想要什麼？有很大部分人是不知道的，心跟頭腦幾乎都處在矛盾和衝突的位置。如果你不知道自己心裡真正想要的是什麼，以為「心想事成」是想什麼都能成真，那麼你可能誤會大了。基本上頭腦想要的，都要經過很漫長的階段，可是心卻不同，速度是頭腦的六百倍。為什麼？因為頭腦的運作模式是跳躍式的，而且沒有固定的規則，你可以觀察自己能否專注，就能得到答案了。

心的運作機制不同，當你的心動了，什麼都擋不了。就算人們說會粉身碎骨，你也無法戰勝「心」，整個人、整個心都會投入進去。這種故事滿街都是，不管那是什麼事，都是一樣的。心動，就是心動。那是真實，隱藏不了，頭腦想不通，邏輯判斷不了，沒有辦法假裝，不在對錯好壞的層次運作，有著強大的力量，能夠主宰著一個人，是永遠都沒有變過的法則。

半個人、半點心，那是因為還沒達到足夠的能量，可能是害怕、擔憂、沒把握、缺乏自信……各種不同的原因暫時阻擋了你前進。通常痛苦就是從這裡開始的，想要又不敢要，卻又無法不去想，最終「心」還是贏家。因此，渴望心想事成的你，最有效的方式，就是回到你的心，看看你的「心動」，了解你的「心動」，才有辦法過著心想事成的人生。

一個計畫能否成功，並不只是那個想法或點子棒而已，還需要有行動力和執行力。在行動之前，只要你心中有疑惑或不確定的因子出現，就會停下腳步，或是減速前進，這是計畫趕不上變化的真相。到底是變化力量大，還是計畫呢？相信你我都有答案。

如果「心」的合作對象是潛意識，或是潛意識才能將「心」完整又真實的呈現出來，那麼，了解潛意識就是件很重要的事。【人類新操作系統】裡的書寫，目的就在於此。

書寫看似簡單，裡面引導的技巧，卻是我多年來所累積的人生體悟。在不同的書寫模式下，解開了人們自我覺知不到的內容，那就是潛意識，像是祕密般躲在慣性的面具底下，這部分假如少了有經驗的人引導，是無法到達裡面的世界；當然，引導者本身要是沒有足夠的個案累積與生活觀察，引導者本身也會陷在書寫內容中，沒辦法將學習者帶到另一個世界中。引導者之所以是引導者，就表示必須具備來去自如的能力，已經完

＊渴望心想事成的你，最有效的方式，就是回到你的心，看看你的「心動」，了解你的「心動」，才有辦法過著心想事成的人生。

成共振和投射的修練，不會介入個案的狀態及人生故事裡，單純只是告訴個案目前所在之處，讓個案在清楚的狀態下，願意再繼續前進。

引導者的能力無法從教室裡獲得，必須在生活中才能鍛鍊出引導的能力，這是除了長期鍛鍊和觀察外，從生活中找到信念與價值觀，並在覺知中進入徹底的試煉，才能逐步建構出一套獨有的引導模式，這樣才有能力讓學習者看到自己，並且願意改變。要是引導者沒有保持在覺知中，就會淪為情感業力的糾結，這在很多身心靈組織常見到，因為最真實的修練就是這個：在投射裡認出投射，在共振中認出共振！

「書寫」能帶給我們的幫助不勝枚舉，書寫班裡的學員分享，就是最真實的印證：

原來，我一直都那麼負面，卻還覺得是別人。今天書寫下來，才發現到都是自己創造出來的……

我不知道想法會有那麼大的力量，要是沒有寫下來，我都只是在頭腦裡想像自己，這真是讓我太吃驚了……

我怎麼完全想像不到自己會寫出這些內容，就只是這樣寫，為什麼自己看了會感動？

以前這些想法只是在腦海裡出現，並沒有什麼特別的感覺，可是寫下來為什麼就完全不一樣？……

這些學員們在教室裡的成長回饋，有時候連我自己都吃驚！每每看著他們的書寫紀錄或是分享影片，都不只一次帶給我很大的力量。那種經驗多麼美麗啊！「要是能讓更多人也體驗到，該有多好！」我在心裡這樣想著，腦海裡經常會出現學員們為自己感動的畫面。

在學員們的分享裡有很多「第一次」和「原來」，這兩句話出現的機率很高，大家都有相同的回應——啊！原來我們能夠給出那麼多讓靈魂提升的新經驗（第一次），並且獲得靈魂深處的明白和領悟（原來）：

第一次的體驗：為自己流下感動的淚水，感激自己和過去的存在，從來都不知道原來人生的每一件事都有不凡的價值，就因為如此，才有今日那麼動人的故事。

第一次的體驗：真實看到智慧的內在，原來就在這裡（心）。單純的放鬆，將心裡的話寫下來，不管有何疑問，都能從自動書寫中找到答案。

第一次的體驗：明白原來可以這麼簡單，我不只是如此而已的體驗和印證。

第一次的體驗：實際又深刻的跟自己連結，字裡行間充滿了力量，原來只是寫下來，過去以為很難才能做到事，居然這麼簡單。

第一次的體驗：靠自己的力量做出改變，這樣就是創造！推翻了過去以為要有高深的修行或修練才能做到，原來方法一直都在！

第一次不需要藉由他人就能做到的召喚，原來只是自己拿起筆來而已……

學習，是人生這趟旅程中很重要的行李之一，沒有年齡、性別之分，也沒有專屬於哪一種領域而定；是態度，生而為人的基本態度，用學習的態度對待每一個出現在我們面前的人事物，才能如實地提升內在。

學習，不一定是為了要得到某種能力或資格，而是看你能從中學習到什麼？這個結果因人而異，沒有標準答案，愈不喜歡的或是陌生的事物，就愈需要用學習的態度去面對。當你一邊學習提升內在品質的同時，要回到事物的本質上學習，問問自己：這件事在告訴我什麼？記錄下來，標上日期、地點、事件中的人事物，自己的感受、反應、選擇和決定，所領受到的禮物和啟示；再進一步用第三者的角度來看這個紀錄，甚至過一段時間你再翻出來看時，會發現，還有你尚未領受的禮物在其中。

我認為修練的目的不是成佛成仙，而是讓自己有能力面對人生中的各種考驗；上天

＊修練的目的不是成佛成仙，而是讓自己有能力面對人生中的各種考驗。

堂或下地獄是「你的修練是否通過生活試煉」後的審判，這個審判標準是由我們自己定的。當我們在判定一件事或一個人時，要思考到另一個面向：我是否可以接受這樣的判決在自己身上？

大多數人，我指的是大多數人，有很矛盾的情結：覺得自己是好人，但同時又在心裡不斷指責自己；覺得自己付出很多，又不認為自己值得擁有一切……這樣的集體潛意識發展成社會事件時，就演變成雇主和員工之爭；在遭遇到不公平待遇時，自我的認知演化成受害者、加害者跟救世主。

為自己爭取權益的過程中，要用到內在的哪一種力量呢？正義感或是軟弱者的無能，這兩種能力同時在你的內在運用。你的痛苦來自擺盪兩者間的種種情緒和感受，把這種反應投射到現實生活中，未來充滿了黑暗和威脅，失去了希望……

我們來對照內在的這些認知，就會發現：這種事件裡通常會有的幾個固定人物，你在裡面選擇的會是哪一種角色？這個劇碼裡，你可能是路人甲、乙，是眾多犧牲者之一；也可能是主角，讓事情的發展有決定性的轉變或發展。表面看起來是同樣一件事，但是裡面有非常多面向能讓你學習；再加上你有意識的修練自己內在的品質，或許這個事件起初是災難，卻可能是你人生的大轉機。如果這是後來的發展，那麼「危機就是轉機」將變成那段人生的代名詞了！

生活，是最真實的粹煉場，沒有粹煉，生活就變得平淡無味；即使每天吃喝玩樂，久了，沒目標的生活也會乏味無趣，只有忙得沒有時間休假的人能體會到假日的美好，只有生病的人才明白健康的重要……所以，別再想像著事事順利才是好的，有點小狀況就把自己搞得像世界末日，這樣是傷害自己、不懂得愛惜自己的態度。

快樂之所以會是「快樂」，就在個人的體會上了；因為修練而逃離生活的挑戰，是錯誤的。不管有沒有進到教室裡學習，或是有沒有參與身心靈團體、宗教組織去修行，內在的粹煉都一直存在，因為我們是有血、有淚、有靈魂的生命體，這些感官、感受、情緒是生命的產物，靈魂就是為了要體驗這些才來物質世界的。

天堂、地獄不用刻意去追尋或處理，在生命最後的那一刻，你回顧這一生的種種，畫面裡有著你這一生的記憶。你記得的如果都是美好的，那就會到天堂的頻率；換句話說，如果那些記憶的畫面都是痛苦、愧咎、自責、遺憾、仇恨……那麼你會去哪裡？一定不會是天堂。

如果上天堂的標準已經完全改變了，過去我們以為「幫助人、做好事可以上天堂」，可是在幫助人的過程中，我們忽視了自己的能力極限，或許是婦人之仁；心太軟，讓自己和被幫助的人都陷入困境，甚至連累到其他人，這樣算是做好事嗎？

「有罪惡感」的善良，委屈自己；總是忽略內在的回應，活在別人的期望中；以為

＊在生命最後的那一刻，你回顧這一生的種種，畫面裡有著你這一生的記憶。你記得的如果都是美好的，那就會到天堂的頻率。

要學習逆來順受，向現實低頭；放棄心中的夢想，讓自己的內在變得匱乏空洞，失去了生命的價值與意義……如果再加上自責，什麼事都要攬在自己身上，卻沒有覺知到，這有可能剝奪了其他人成長的機會，也拿走了別人展現的舞台……

我想，如果一個人懂得用心生活，活在覺知中，時時抱著學習的態度面對人生的事物，凡事往內探求，找到禮物和啟示，提升靈魂的層次，豐富人生經驗，勇於向未知前進，讓生命的價值無限可能的擴展，那麼在生命結束的最後一刻，回顧的記憶畫面會讓他到何處呢？我們要是能在覺知中，領悟到人生是自己的選擇和決定，即使內心承受到某些壓力，仍是在有意識的經歷著，那麼就一定有能力為自己找到平衡的方法，到達內外和諧的境地。

☆換「心」當主人

很多人都聽過的話：「你要多用點心……」這句話聽起來很容易，但是對很多人來說，「用心」的真正意思，和真正的「用心」，從我多年來的觀察中得到答案。停在頭腦認知層面的占大多數，最最最具體的認知標準是：以花了多少時間和金錢去做來當成判斷標準，以為有投入時間、金錢就是用心。在某一次跟團隊成員互動聊到時，才恍然大悟：人們認為的用心，跟我的「用心」有那麼大的落差。

「用心」對我來說是動詞，不是名詞，我可能不需要花很多時間跟金錢，就能得到我想要的效益。舉一個例子：有一個點子出現，那個點子來自於我對某件事的期許，因此我在心裡不斷地思索；在想這件事之前，我一定會先在心裡想到高我，然後才開始「有意識」去想這件事的整個狀況。我的心裡有個想要轉變或提升的意圖，因此一邊想，就會一邊寫著心裡的想法。

剛剛開始寫下來的內容，會有一小段來自頭腦的自問自答，因為我們要從人性（小我、自我）的意識層次轉到更高的頻率上；只要持續把心裡的對話（OS）寫下來，漸漸地就能進入到比較高的意識頻率，把核心寫出來了。長期的鍛鍊讓我能輕鬆的辨識出這當中的差別（【人類新操作系統】所有的輔導師也都經過長期的生活培訓），可以很具體地在書寫中認出高我的訊息。最後回到事件本身，會有幾個面向出現：

首先是：這件事目前的狀態，在傳達出什麼訊息給我？

再來是：我想要讓事情怎麼發展下去？

有什麼方法可以做到？

＊「用心」是動詞，不是名詞。

現階段需要突破的地方是什麼？

這個方向跟團隊們想要的是否一致？

參與在其中有幾種角色和立場，利益關係如何？

這些都是我會寫下來的提問，也是我心中會出現的各種念頭。

當我這樣做的時候，我全心全意地在這個事件上，沒有其他的雜念或干擾。有時候只要短短的半小時，我就能找到以上的答案；如果沒有全部都出現，那麼我會在書寫的頁面留下空白，等待之後出現的靈感再填寫進去。

一定有人會問，會不會一直沒答案？時間會不會很久？會不會忘了？……出現沒答案的情況，就表示這對我來說，仍有需要學習之處，我只要用開放信任的態度來觀察當中的轉變，並且觀察自己內在的每一個變化跟現實之間的關係，這麼做的目的是要找出這個事件的禮物。

時間當然跟上述狀況有關，如果不是有禮物在裡面，那麼再怎麼久也都大約在一、兩天內就會收到回應（前題是你必須保持覺知，去觀察自己的想法跟念頭）。至於會不會「忘了」這回事，這就回到「用心」這個主題上了。你放在心上的事絕不可能遺忘，因為你會時時刻刻都在想著那件事；如果沒有這樣的話，那麼是在頭腦裡想想而已，這很具體，就是還沒到「用心」的階段。

認真想想：我們倒底是為了什麼而努力，會發現一個不變的指向，那就是「心」！隱藏在金錢、成就、地位……底下有一個根本不變的答案：想被肯定、認同、重視的存在感。這是來自「心」的深處，被我們世俗的需求一層一層掩蓋住，讓人看不到那個深谷裡到底藏著什麼，像是黑洞一樣，把能量不斷地吸入，並觸動著我們生活裡的每一個發生。「心」會形成多大的影響？在現實的生活中，「心」真的左右了大部分的事嗎？

「心」所發射出來的能量是頭腦的六百倍，這是我在一次由崔玖博士主持的醫學信息大會上得知的訊息。日常生活的觀察裡，我發現心的專注度很高，只要一件事記掛在心上，就一定會不斷從內心深處提醒著我們；可是頭腦卻相反，時間會沖淡記憶而遺忘，就像一個人總是忘東忘西時就會有人說他不用心，這是相同的例子。

根據我自己的經驗，一件事只要用心，就會變得順利，如心所願的達到。可是用過去的經驗模擬出來的計畫，往往容易搭上「計畫趕不上變化」的列車，除非行動力、執行力很強，可以鞭策每個步驟和細節；這裡面還要考慮到其他的突發狀況並順利解決，才有可能戰勝變化。

在邏輯的世界中，除非每件事都符合你的邏輯，那才會順利；可是大多數人都有自己的思考邏輯，因此有愈多來參與的事情，預期之外的事情發生機率就愈高。要是每個人所想的東西內容都一樣，那麼我們的世界就不會存在了。別忘了，你的任何計畫之所以能成功，絕不可能只有一個人來完成，包含你的客戶也是其中之一。

人是感情的動物，無論科技多麼進步，也無法取代人性的根本。任何設計靈感都來自人性的需求，否則你的創造發明和計畫，就沒有存在的價值與意義了，因為你也有自己的需求，所以才會有夢想、有想要做的事，有想要擁有的人生，只是藉由不同的管道來達到而已。

我認為人生是一場心和頭腦的征戰之路，但是最終的結局都會走到「臣服於心」，這個答案千古不變，不是造物主的創造，而是所有人心的嚮往；在我對人的觀察中，這是集體意識的創造。人有七情六欲，最後「心」是一切的歸屬，只有達到「心」的層次，人們才會心滿意足。

反觀日常生活中的大小事、人生中的起起伏伏，都是因為「心和頭腦」沒有相同的方向所導致出來的拉扯，在事情還沒有發展出下一步之前，多數人都已設想好了：有人用過去的經驗來預測，有人用別人的經驗來假設，有人用電影裡的情節來推演……然後等等看，答案會走向哪個事先被選中的結果；甚至是眾多結果的總合，也有可能！這麼看來，人生不就是一場自編、自導、自演的劇碼？

人們習慣處在無意識的狀態中，大部分的時間裡都沒有保持覺知，腦海裡冒出什麼想法、念頭，根本沒有人記得住，等到事情發生的時候，不知道自己就是根源，以為是命運、八字、風水……所導致。

要是你願意對自己做一件事：保持覺知一小時，觀察自己腦海裡出現的任何想法、念頭，而且一字不漏地記錄下來。那麼你就會發現到一個連自己都想像不到的世界：有一個你，完全陌生的你在那個世界裡，參與在你的現實世界中，而且還具備了相當大的影響力。甚至你大部分的人生，都是由那個陌生的你來決定的。那個你，是潛意識的存在。你長期活在表意識的世界，每件事都用慣有的邏輯來判斷；在潛意識世界中的那個你，有另一套邏輯，也是屬於你的一部分，只是你從來沒有發覺過而已。

曾有無數個案例在我們的眼中蛻變。當他每天為自己書寫做記錄，有一天發生了某件事，回去翻自己的筆記，就會找到，現在發生的事，是自己在什麼時候就做好的創造，這裡面就是證據，出自於自己對自己認知到的事實。這種印證是相當有力量的，他會從命運的腳本中覺醒過來，知道自己才是人生劇本的創作者，領悟到命運掌握在自己手上。有這樣的覺悟，未來的人生會是如何？他將擁有多麼大的力量可以改變自己、改變世界，可想可知！

我不知道有多少人想成為生命的主人，我也不清楚有多少人想擁有命運的主導權。在課程琳瑯滿目的社會中，每一種學習最終的目的，似乎不謀而合地往相同的方向前進；我們所做的每一個選擇和決定，也都是一樣的，都跟「心」有很大的關聯。

考一個證照，表面看起來是一個證照，所以去補習班學習；考上了證照之後，可能升遷和加薪的機會提高，那麼生活就可以更安定，未來就有競爭力，不會被裁員，也不會找不到工作。這是我們社會中的一角，有人在這樣的世界中生活。

在另一個世界裡的人，工作安定、生活無憂（是前面那個案例在追求的未來生活）；在日復一日的反覆裡，沒有了生命力，也失去了熱情與活力，不是上班、下班，就是公司、家庭……像個機器人一樣，不能停下來，怕一停，什麼都會亂了套，家人的生活也會沒了秩序，所以繼續這樣過日子。有一天生病了，去檢查，發現了癌症末期，才驚覺自己所剩不多的歲月裡，之前擔憂的根本不是重點了，因為時日無多。這時候最常出現在心裡的是什麼？這也是社會的一角，有人正生活在這樣的世界中。

又有另一個世界，選擇安定之外的生活，經歷了許多人不想發生的起起伏伏，遭遇了大部分人逃避的變動，練就了一身的功夫，不怕失去、不怕跌倒、不擔心從頭再來，不害怕失敗，沒有面子問題，沒有吃不了的苦。有一天他想安定下來，因為累了，於是從基本做起。因為失敗過很多次，所以知道不能重蹈覆徹；因為吃夠了苦，人生從沒安定過的他，懂得珍惜得來不易的安定；因為跌了很多次，所以了解自己所擁有的寶貴，在平淡無奇的往後歲月，知足了，也守住本分了。這是社會的一角，有人正生活在這樣的世界中。

還有很多我們耳熟能詳的故事。你會是生活在哪一個世界中的人？

我們每個人都擁有一把可以決定未來的鑰匙。相傳了數千、數百年的修練之法，一直都在探索著扭轉現實的Key，雖然有人從精神的層次著手，有人從科學、有人從宗教、有人從心理學、有人從醫學……各方面都有發展，也都有收獲。我相信，漸漸地，這些不同領域的研究與心得，會走向整合之路。

我花了十幾年時間，用觀察的方式，來學習人性世界裡情感的需求和依賴，理解物質世界運作的法則與機制，這當中，豐富精采的樣貌，真的讓人眼花瞭亂。

人，真的需要做出什麼偉大之事，才算有用的人嗎？一個人的故事要是能感動人，那麼他的生命價值就很難估算。可能有人受到了鼓舞，從低迷中重振對人生的希望，因而成就自己，也造就了他人，那麼我們想想，這個故事的力量該如何估算呢？

人生不一定要有很大的成就，光是能照顧好自己的心，知道自己此生所為何來，那就能有相當動人的故事力量。可惜的是，大多數人都不知道自己人生的價值，用平淡無味的角度來看待自己的每一天，必定很難給自己有價值的存在感。

人生的起起伏伏，其實是一種讓生命變得絢麗的禮物。再怎麼喜歡的事情，只要重覆幾次，就會變成一種習慣，變成理所當然；在理所當然裡，事情只剩下例行公事，而

＊人生的起起伏伏，其實是一種讓生命變得炫麗的禮物。

失去了心動。如果長期下來，你沒有因為習慣而放棄，你沒有因為一直重覆而失去熱情，那麼，在這裡面正傳達著一個重要的訊息：或許這件事跟你的人生有著相當嚴密的關聯性。是什麼呢？熱忱！

熱忱，就像是一台恆溫的機器，會讓我們持續不斷地運轉，遇到阻礙也會堅持下去，因為那個阻礙只是暫時的干擾，無法澆熄熱忱的溫度；熱忱不會像熱情一樣，三分鐘熱度就消褪。而熱情會被其他的事情取代，好奇心被滿足了之後，就再也燃不起興趣。一開始熱情會出現，經過數度的考驗之後，如果溫度不滅，那麼就表示，我們在這件事情上面可以擁有源源不絕的動力，支持著我們前進。

要怎麼確定一件事能否長長久久？「熱忱」會是要素。沒有熱忱在其中，就很難持續下去，即使硬逼著自己，也不可能會有什麼結果出來。當你找到熱忱，就等於找到此生的目的，你會穩穩地持續下去，沒有任何困難能擋住你的去路；你不會一下興奮，也不會冷淡，而是持續不斷地保持在穩定的態度上，也不會有過度的期待，一切都會在最真實的頻率之中前進。

許多偉大的故事裡都有熱忱在支撐著，才能讓夢想實現。堅毅的內在，不變的中心思想和理念，那個無法動搖的心智，可以說是人生的試金石，生命的煉金術。

☆煉金術的印證與顯化

煉金術是什麼？用我的方式說，就是：把平凡無奇的事冶煉出如黃金般的價值！

坦白說，我不知道多數人了解的煉金術是什麼。當我從靈性層次覺醒之後，看透了自己對靈性的幻想所導致的種種情感依賴與需求後，就直接超越了情感的課題，進到創造的層次。

初期開始練習的時候，不知道如何運用這個法則，所以又花了一年的時間來學習與運用。五年的內在修練，養成了聆聽內在指引的習慣，再加上不再有情感層面的干擾，內在訊息就變得異常清晰，很具體也很明確的出現，不需要過度去判斷和反覆思索考慮，一收到訊號或指令就會直接去行動，讓創造顯現的相當快速，準確度也在經驗中不斷提升。於是當我開始分享【人類新操作系統】時，走路、書寫這看起來沒什麼學問的兩件事，成了系統裡指標性的應用；再加上放目標搭配書寫、走路，每一個創造都輕鬆簡單地被落實在生活中。這是我的煉金術，能將平凡無奇的事物變得有價值、有意義！

從生活體驗中印證生命的真理，一直是我的修練原則。煉金術是我探索身心靈的禮物之一，不過我沒有刻意地去修練，若要問我怎麼練成的，大概就是「單純的相信」。在很多年的觀察裡，我發覺，人會停下腳步或是不敢勇往向前，通常都是心裡有了不確定性，也許是對自己，也有可能是對他人，答案永遠都沒變過。再更具體一點的說法是：有某種目的存在，而那個不確定來自最終的結果！

要是我們做什麼都只是單純的想做，或許反而會更容易些。單純的分享、單純的去做、單純的體驗、單純的……就只是單純的。當我們習慣了這樣的模式，就會發現，所有的行動都會帶來禮物，不需要太多的說明與解釋，讓禮物穿著驚喜的外衣來敲門，自然就會出現。所以煉金術是一種自然，就跟呼吸一樣，當你的內在能自然到單純的相信，很多事情都會理所當然的出現，然後成真！

我知道人不可能沒有目的地就出發，我也明白那個目的地才是真相，這是一開始你決定做之前要思考的事；一旦你行動了，就必須把全部的自己交給這個行動，投入在其中多少，就會得到多少。如果你已經在進行了，卻還在想：這樣做對嗎？那表示你是在沒想清楚前就行動的人，這有可能是你的慣性，總是先做了再說。「想清楚」是一個過程，當過程中遇到困難時，就停下來再做一次「想清楚」，只要你不是做的時候亂想，想的時候亂做，事情多數都會順利並快速到達。

尋找「正確」一直存在於我們心中，「不斷校準自己」是很好的態度，我卻發覺過度校正自己的理由，是來自對自己的不確定性，在無意識中，這樣的想法會顯現為自我的挑戰。如果你的內在就是習慣性的懷疑自己，不自覺地在確定中加入變數，卻又自我解讀為人生的挑戰，就某方面來說沒有錯；只不過從更高的位置來看，你可以有更多不同的方式來體驗人生，無須一直在相同的層次經驗。

人類只有在物質層次被滿足了之後，才會開始關注內心的感受，就像現代人普遍過著衣食無缺的生活，漸漸地就有愈來愈多人想了解生命的意義與價值。

心靈到底是什麼？在長期探索學習後的人們，對心靈真的了解多少？靈魂和宗教之中，心靈所扮演的角色又是什麼？

無論多久之前，流傳至今，所有提升內在智慧、帶動生命演進的方法，今日以科學、物理學、醫學、神經學……深深地探究之後，發現到一個最終共通的結論：改變大腦波頻！

寫字能改變大腦波頻，一定沒有人想過；但是從身體的大腦神經傳導的介面來理解，為了配合手寫的速度，必須變慢，才能將想法經由手掌來運用筆一橫一豎地寫下來。

很多人打字習慣了，拿起筆來要寫的時候，腦海裡卻一片空白，一個字都寫不出來；不只如此，連要寫什麼，也都完全當機。這是我帶領系統書寫這麼多年來，反應在學習者身上實際的經驗。是什麼原因呢？真相是：當大腦波頻從β轉換到α波時，需要一點時間差，你大腦裡的空白和當機，就是轉換波頻的短暫現象。最主要是因為：長期在β波運作的人，因為電流太強，信息波快速運轉，緩降到α波，切換的過程會拉長。

走路，慢慢地走，大腦的波頻會根據步伐的輕慢，而緩降配合身體的動作。練習一段期間後，配合的神經元會自動形成慣性動作，於是腦波的變頻速度也會隨著加快，從運動員不斷訓練，養成大腦神經不需要再去判斷，而是完全直覺的反應，就能證實這個理論。

【人類新操作系統】經過相當多年的取證和體驗，累積了數不清的學習者應用這套系統，簡單易懂的方法，人人都能自行運用，讓人們可以超越舊有的模式，落實在日常生活之中。看起來毫不起眼的走路、書寫、放目標這三個步驟，似乎沒有什麼學問在裡面，但願意給自己機會嘗試的人，卻都有想像不到的收穫。

在知識氾濫、資訊爆炸的文明社會，用緩慢取代效益，用真實的生活經驗當成教導，由學習者自己本身去發現內在的力量，拒絕養成崇拜者的環境，回歸每個生命的根本價值，創造出全新的學習態度。我的煉金術讓平凡變得不凡，讓平淡變得有趣，讓平常變成獨特；最重要的是，讓我的生命變得無所不能，示現在我身上如此，也讓筆下的主人有了全新的開始！十多年來，我用自己的人生經驗培養相當多的帶領者，要求每個人都要用真實的成長經驗，回饋給來參與學習的人們，務實地應用在生活的每個層面上。

我在人生谷底時進入心靈的世界，然而我的投入卻不是為了學習和找答案，相較於當時的我，說是一條為我開出的全新道路，會更貼切。全新陌生的道路，在生命中展開，

＊用緩慢取代效益，用真實的生活經驗當成教導，由學習者自己本身去發現內在的力量，拒絕養成崇拜者的環境，回歸每個生命的根本價值，創造出全新的學習態度。

將當時處在人生絕境的我引領到此。

對心靈領域完全陌生，沒有任何概念和基礎的人，是如何獨自走上這條沒有導師引領的路？十幾年的人生粹煉，為自己走出一個完全想像不到的人生。在心靈探索的道路上，自己不只一次從高峰跌落谷底、又立即攀上高峰的真實經驗，發生在我身上起起伏伏的真實事件，證明了心靈的力量確實存在，更印證了物質世界真真確確是由「內心」所實現出來的舞台。

在心靈領域沒有明師指引，沒有強大背景，沒有學習經驗，沒有知識基礎，可以說連宗教信仰都沒有的我，完完全全是個門外漢；沒有興趣，沒有好奇，連想都沒想過有心靈這種東西；對教學沒概念，以為人生就是努力工作賺錢，然後花錢買車子、房子，談戀愛、結婚、生小孩……就會幸福到老。我曾是如此無知又無視生命的價值與意義，若沒有一次又一次生命谷底的推動，相信本是好逸惡勞的性格，一輩子也無法見證到生命的奇蹟，更不會相信，人真的能掌握自己的人生與未來。

當我們愈往裡面找，愈會發現另一個想像不到的自己；愈往外面看，就愈會迷失在複製人的世界中，沒了自己，跟著所有人追求相同的事物與人生，跟著所有人被更有力量的人操作。我慶幸自己當時被一路打趴到絕境，外面完全沒路的情況下，我只能跟自己在一起，雖然當時並不知道生命正要送給我一份大禮。我在跌跌撞撞中，倒了又起，

＊當我們愈往裡面找，愈會發現另一個想像不到的自己；愈往外面看，就愈會迷失在複製人的世界中，沒了自己。

倒了又起……才明白，沒有這些過程，就不會有今天的我；沒有苦到絕境，就不會往裡面找。而只有往裡面找，內在的力量才會被重新看見，生命的本質才能被應用。

經歷過這麼多考驗，我對人生和生命發展出一種看法：當有人陷入絕境，我看到的是美好正在降臨，而不是痛苦在望；我領悟到，人只有在完全絕望時，內心才會真正地臣服，這不是失敗，相反地，是踏上成功的歸途。

於是我不再進行療癒的工作，我看到所有生命中最有價值的事物，也明白了苦難才是領受聖餐的時刻，雖然我並不是基督徒。這個禮物對我來說就像是解脫，讓我從地獄到天堂。我的世界中，人人都有足夠的能力面對挑戰，人人都有自己的神在守護著，人人都能從生命經驗中找到禮物與智慧，人人都有存在的無限價值！

曾有一段期間，我鍛鍊用意念來決定樂透的數字，想讓自己不需要再為了金錢而苦。幾近成功的我，可以說是快實現了，但不知道為什麼，就是沒有力量再進一步，讓號碼全中。我靜下來書寫，找裡面的答案，始終是空白，直到寫這本書之前，答案才出現。

中樂透是一種途徑，唯一能想到讓人「不需要再為了金錢而苦」的方法，我相信也是很多人都想要的。是不是所有人都以為，只要中了大樂透，不用為金錢擔憂，就能過自己想過的日子，就可以實現夢想，幸福快樂接踵立即而來……我不否認，在一開始的確可能這樣。但日子還要過下去，沒有好好運用，很快又會回到原來的生活。

追根究柢，我發現：金錢是讓人逃避人生課題的寄託嗎？如果這是信念，那麼每個人的第一個夢想，應該是擁有花不完的錢，這樣才實際，不是嗎？只是另一個信念在說：那是不可能的事！

金錢至上的時代存在已久，從古至今，萬惡皆因金錢而起，人心受到金錢誘惑，沉淪使壞，金錢的力量已遠遠超過人的價值，甚至生命！財務自由的誘惑力，讓人迷失了方向。瞬息萬變的社會，果真有財務自由的存在嗎？無論是仰賴任何體制或產業，都面臨隨時隨地崩塌的威脅；位於基層的大多數人，根本無力對抗舊有制度面及政策面上的調整所帶來的變動。說穿了，財務自由應該是來自我們個人存在價值的體現。就算經濟不景氣，產業結構重組……你都不會受到牽連，甚至每一次轉換對你來說都是機會點，是讓你表現存在價值的最佳時刻。

點石成金是煉金術最大的精神與價值。能跟內在的自己合作並不容易，當你做到了，你就是煉金術士，化腐朽為神奇的能力，可以讓你看到別人看不到的寶藏。如果你想體驗煉金術士的生活，那麼跟著我分享的方法做，落實每一個步驟，執行每一個細節，很快地，你就能超越現狀，成為另一個想像中完美的自己。祝福你！

☆附錄☆你可以這樣認識【人類新操作系統】

⊙全台北中南小型分享會：

學員使用系統課程，落實創造的目標，所舉辦的分享會。

⊙小型書寫活動：

透過書寫的內容，來看見自己連結了哪些核心信念導致如今現實的人生；運用書寫改寫未來的劇本，幫助你實現心目中的願望與夢想。

⊙情緒掃毒單元課：

用什麼方式去除情緒裡的毒素？要怎麼轉換情緒為動力？好好地運用情緒，成功的機率就會大大提升。

⊙細胞運動單元課：

給——想加強與內在連結、想擁有堅強的內在力量、想突破現狀快速提升、想更有行動力和執行力、想改變過去習性提升自癒能力——的你。

⊙駕馭你的人生方向～天體圖：

解構我們的人生，揭開生命藍圖的神秘面紗，直指每一個人的內心靈魂深處。

⊙量子慢行趣單元課：

讓大腦的波頻轉換到α波，帶動你重新以不同的方式與角度思考事情，讓你從緊繃的精神狀態離開，用「悠閒換健康，輕鬆換幸福」引領你實現高品質生活。

⊙腦神經元連結：

藉由認識與了解腦神經元連結後，運用書寫、慢行、放目標等方法與工具，讓生活、人生得到改善，幫助夢想快速實現。

⊙活力金礦與甘斯製作：

你將親自創造出屬於你的甘斯，包括製作出甘斯貼布、甘斯健康筆、甘斯上層水與磁化水……等。而製作過程中，【活力金礦】的頻率與甘斯的能量相輔相乘，更是獨一無二的享受。

國家圖書館出版品預行編目 (CIP) 資料

你還要療癒多久？：人類新操作系統 . 2, 從療癒走向創造 / 鍾荃因著 . -- 初版 . -- 臺北市：商周出版：家庭傳媒城邦分公司發行 , 2017.05
面；　公分
ISBN 978-986-477-228-5(平裝)

1. 成功法 2. 直覺 3. 自我實現

177.2　　106005505

你還要療癒多久？

人類新操作系統 2—從療癒走向創造

作　　者　鍾荃因 Doris
企劃選書
責任編輯　徐藍萍

版　　權　翁靜如、吳亭儀
行銷業務　莊晏青、王瑜
總 編 輯　徐藍萍
總 經 理　彭之琬
發 行 人　何飛鵬
法律顧問　台英國際商務法律事務所羅明通律師
出　　版　商周出版　台北市 104 民生東路二段 141 號 9 樓
電話：(02) 25007008　傳真：(02)25007759
E-mail：ct-bwp@cite.com.tw　Blog：http://bwp25007008.pixnet.net/blog
發　　行　英屬蓋曼群島商家庭傳媒股份有限公司城邦分公司
台北市中山區民生東路二段 141 號 2 樓
書虫客服服務專線：02-25007718　02-25007719
24 小時傳真服務：02-25001990　02-25001991
服務時間：週一至週五 9:30-12:00　13:30-17:00
劃撥帳號：19863813　戶名：書虫股份有限公司
讀者服務信箱 E-mail：service@readingclub.com.tw
香港發行所　城邦（香港）出版集團有限公司　香港灣仔駱克道 193 號東超商業中心 1 樓
E-mail: hkcite@biznetvigator.com　電話：(852)25086231　傳真：(852)25789337
馬新發行所　城邦（馬新）出版集團 Cite (M) Sdn Bhd
41, Jalan Radin Anum, Bandar Baru Sri Petaling, 57000 Kuala Lumpur, Malaysia.
Tel: (603) 90578822　Fax: (603) 90576622　Email: cite@cite.com.my

封面設計　張燕儀
印　　刷　卡樂彩色製版印刷有限公司
總 經 銷　聯合發行股份有限公司　新北市 231 新店區寶橋路 235 巷 6 弄 6 號 2 樓
電話：(02) 2917-8022　傳真：(02) 2911-0053

■2017 年 5 月 4 日初版
■2023 年 3 月 4 日初版 3.3 刷
定價 300 元

城邦讀書花園
www.cite.com.tw

Printed in Taiwan

　ISBN 978-986-477-228-5